Vergessene Klassiker

Köstliche Rezepte mit
alten Gemüsesorten

Hinweise zu den Rezepten

Mengen, die in Tee- bzw. Esslöffeln angegeben sind, wurden mit Messlöffeln abgemessen. 1 Teelöffel entspricht 5 ml, 1 Esslöffel 15 ml.

Bei den Garzeiten handelt es sich um ungefähre Angaben, die je nach Herd abweichen können. Die Backofen-Temperaturangaben beziehen sich auf einen konventionellen Herd. Wenn Sie einen Umluftherd benutzen, differiert die Temperatur um etwa 20 °C, d.h., sind im Rezept 200 °C angegeben, müssen Sie 180 °C einstellen.

Informationen zu den mit Sternchen (*) gekennzeichneten Zutaten finden Sie im Glossar auf Seite 142.

Die Originalausgabe erschien 2009 unter dem Titel
Légumes oubliés d'hier et d'aujourd'hui
bei Éditions Hoëbeke, Paris
Text: Kathleen und Yves Paccalet
Fotos: Marc Dantan
Foodstyling und Zubereitung der abgebildeten Gerichte:
Corinne Favrit und Céline Amphoux-Bruel
Layout: Éric Blanchard
Copyright © 2009 Éditions Hoëbeke, Paris

Aus dem Französischen von Barbara Holle

Die gebundene Ausgabe des vorliegenden Bandes erschien
beim Gerstenberg Verlag 2012 unter dem gleichen Titel

www.gerstenberg-verlag.de

ISBN 978-3-8369-2791-8

KATHLEEN & YVES PACCALET

FOTOS: MARC DANTAN

Vergessene Klassiker

Köstliche Rezepte mit alten Gemüsesorten

FOODSTYLING UND ZUBEREITUNG DER ABGEBILDETEN GERICHTE:
CORINNE FAVRIT UND CÉLINE AMPHOUX-BRUEL

AUS DEM FRANZÖSISCHEN VON BARBARA HOLLE

 GERSTENBERG

Der neue Trend zum Alten

Schnuppern, riechen, den Duft einsaugen …

Kosten, kauen, schmecken, genießen – und hingerissen sein.

Schmecken hat immer auch etwas mit Neugier zu tun. Wer Wert auf Qualität legt, gibt sich nicht mit dem Durchschnitt zufrieden.

Dinge zu entdecken ist ein Vergnügen, sie wiederzuentdecken, ist ein doppeltes Vergnügen!

In jedem von uns schlummert etwas von einem Marcel Proust. In bescheidenem Maße, versteht sich! Wie der Autor des monumentalen Romanwerks *Auf der Suche nach der verlorenen Zeit* hat auch jeder von uns seine »Madeleine« – einen Geschmack, der uns in die Kindheit zurückversetzt, der uns an den Augenblick erinnert, in dem wir ihn zum ersten Mal wahrnahmen. Das ist vielleicht eine bittere oder säuerliche, eine salzige oder süße Note, der Duft eines Pürees, eines Eintopfs oder eines Pfannengerichts, die Textur eines Gemüses, eine Schärfe oder Samtigkeit, die man auf der Zunge spürte.

Und genau dieses Geschmackserlebnis, dieser Eindruck von etwas unvergleichlich Köstlichem stellt sich ein, wenn wir eines dieser »alten« Gemüse genießen. Eines jener Gemüse, das wir bei unserer Großmutter, zu Hause oder in den Ferien gegessen haben, als wir noch klein waren. Und das wir vollkommen vergessen hatten, ja von dessen Existenz wir nicht einmal mehr wussten …Und das in dem Augenblick, in dem wir es wieder auf der Zunge spüren, die ganze Welt unserer Kindheit wieder lebendig werden lässt: die Gemeinschaft eines Dorfes oder Vorortes, einen bullernden Ofen, das Email der Teller, das schwarze Kleid der Großmutter, die Pfeife des Großvaters, das Lächeln der Mutter, die Kraft des jungen Vaters – und natürlich dieses eine mit Gemüse aus dem eigenen Garten zubereitete Gericht, das auf dem großen Tisch aus Eichen- oder Nussbaumholz dampfte und das so unvergleichlich duftete und schmeckte.

Die Älteren unter uns verbinden damit ganz persönliche Erinnerungen. Es passiert aber noch etwas sehr Merkwürdiges, eine Art kollektive Erinnerung. Denn selbst die Jüngsten, die noch nie Pastinaken oder Topinambur, einen schwarzen Rettich oder einen Gartenkürbis gegessen haben, haben erstaunlicherweise schon beim ersten Bissen das Gefühl, nicht etwas Neues zu entdecken, sondern etwas Altbekanntes zu schmecken.

Die »gute alte Zeit« gibt es natürlich nicht. Dennoch könnte man meinen, die Menschheit verfüge, was ihre Nahrung betrifft, über eine Art biologisches Gedächtnis, als sei das Gespür für die pflanzlichen Stoffe, die sie zum Überleben braucht und die sie zu ihrem Genuss kultiviert, in ihren Genen angelegt.

Am Anfang war das Gemüse

Bei Licht besehen ist das nicht weiter verwunderlich.

Mit einem kleinen Augenzwinkern könnte man sogar behaupten, die Menschheit verdanke ihre Existenz der Steckrübe, der Karotte und dem schwarzen Rettich – oder, wie die Bilderbögen im Museum von Épinal in Lothringen so anschaulich illustrieren – dem Kohl!

Die ersten Vertreter unserer Gattung ernährten sich jedoch nicht von Kerbel, Rüben und allen anderen essbaren Pflanzen, die wir heute kennen, sondern von afrikanischen Pflanzen mit homologen Merkmalen. Zwiebeln, Knollen, Wurzeln, Stängel, Blätter, Früchte und Körner waren mit ein Grund dafür, dass sich der Affe zum Menschen entwickelte.

Glaubt man den amerikanischen Wissenschaftlern Greg Laden und Richard Wrangham, war es die Vorliebe für Gemüse, die den Australopithecus, den Frühmenschen, dazu veranlasste, von den Bäumen zu steigen und seinen Lebensraum in die Savanne zu verlegen, die damals – so die Hypothese des

Was könnte appetitanregender sein als eine Kiste mit knackigen Kohlrabi, die uns an einem Marktstand anlachen? Erst verschlingt man sie mit den Augen, um sie dann einfach roh mit etwas Salz oder gekocht und als leckeres Gemüsegericht zubereitet zu genießen.

Franzosen Yves Coppens – infolge einer Zeit trockenen Klimas östlich des Großen Afrikanischen Grabenbruchs entstanden war. Um die zähen, harten Früchte der Erde kauen zu können, bildete der Australopithecus kräftige Kiefer aus. Als er zu einer bodenbewohnenden Lebensweise überging, perfektionierte dieser Frühmensch die den Affen angeborene Neigung zum aufrechten Gang. Die aufrechte Haltung ermöglichte es ihm, den Kopf zu heben, wodurch sich sein Gehirn weiterentwickelte.

Dies war der erste Schritt auf dem Weg zur menschlichen Gattung, zur Gattung *Homo*. Auf den Australopithecus folgten der »aufrechte Mensch« (*Homo erectus*) und andere Hominiden-Gattungen, bis schließlich vor etwa 150 000 Jahren der *Homo sapiens* in Erscheinung trat. Der Mensch, der zugleich intelligent und einfältig, schöpferisch und destruktiv, gut und böse ist, der Mensch, der beim Essen Wert auf guten Geschmack legt, dieser Gourmet, der gleichzeitig fähig ist, den übelsten Fraß zu erfinden, Schnellgerichte, die zu salzig, zu süß und zu fett sind, undefinierbares matschiges Zeug ohne Aroma, ohne Biss, ohne Vitamine, ohne Mineralstoffe, das nicht nur ungesund, sondern obendrein viel zu teuer ist!

Deshalb sollten wir nie vergessen, dass am Anfang unseres Siegeszuges als sogenannte Krone der Schöpfung, die mit einem Bewusstsein und einem Verstand ausgestattet ist, die in der Lage ist, die Welt

zu erobern und die Atombombe zu zünden und gleichzeitig die Sterne zu besingen, eine Todsünde stand: die Schlemmerei …

Die Geburt des Gemüsegartens

Auch der »zivilisierte« *Homo sapiens* ernährt sich nicht immer gesund. Eines hat er jedoch mit seinem afrikanischen Vorfahren gemein: eine ausgesprochene Vorliebe für Gemüse. Pflanzen sind direkt oder indirekt am Aufbau unseres Körpers beteiligt – unserer Knochen, Muskeln, Nerven und Organe, ja sogar unseres Geistes.

Von Afrika aus zog der Mensch vor etwa 100 000 Jahren in die Welt, um sie zu erobern. Er perfektionierte die Technik des Feuermachens (die der *Homo erectus* entwickelt hatte), um die Früchte der Erde zu kochen. Denn nichts isst der Mensch lieber als ein deftiges Schmorgericht, eine Brotsuppe, ein Grillgericht oder eine Tarte mit Gemüse der Saison. Das war so, das ist so und das wird immer so bleiben.

Im Vorderen Orient und in Europa wurde der *Homo sapiens* durch den Cro-Magnon-Menschen verdrängt. Er war ein Jäger und Sammler, doch das Wild zu fangen, war nicht einfach. Zwar verzierten sie ihre Höhlen gerne mit Darstellungen von Mammuts und liebten nichts mehr als eine saftige Kalbs- oder Rehkeule, dennoch ernährten sich unsere Vorfahren in erster Linie vegetarisch.

Die größte Revolution in der Geschichte der Menschheit vollzog sich im Neolithikum. Des Jagens und Sammelns müde gingen unsere Vorfahren vor 10 000 Jahren, am Ende der Würmeiszeit, dazu über, sich Tiere zu halten und Pflanzen anzubauen. Damit war der Grundstein für all das gelegt, was die menschliche Zivilisation heute ausmacht: das Haus, das Dorf, die Stadt, Handwerk, Handel, Verwaltung, Streitkräfte (und damit auch Kriege) und natürlich die Schrift.

Unsere Vorfahren unterzogen die Pflanzen einer kritischen Prüfung. Ihre Wahl fiel auf jene Arten, die sich am leichtesten kultivieren ließen, die die besten Erträge lieferten und die am besten schmeckten. Man kann sich ausmalen, dass es bei diesen »wissenschaftlichen« Versuchen zu bedauerlichen Pannen kam. Man stelle sich nur das Schicksal desjenigen vor, der die Tollkirsche probieren musste, die Zwiebel der Herbstzeitlosen oder den Hut des Grünen Knollenblätterpilzes!

Dann ging es ans Auswählen. Bei den Getreidepflanzen (Weizen, Gerste, Roggen, Hafer, Buchweizen, Reis, Mais, Hirse) kultivierten und ernteten unsere Vorfahren nur die Arten, die schöne, einwandfreie Samen hervorbrachten, die leicht zu konservieren waren, damit man sie im folgenden Jahr aussäen konnte, und aus denen sich köstliche Fladen und Brote herstellen ließen.

Beim Gemüse schätzte man in Europa und im Vorderen Orient Rote Rüben, Spinat, Kohl, Mairüben, Rettich, Karotten, Pastinaken, Fenchel, Haferwurzel, Linsen, Kichererbsen, Spargel, Kopfsalat, Endivie und Artischocken. In Südasien und im Orient fiel die Wahl auf Sojabohnen, Knollenziest (auch japanische Kartoffel genannt), Chinakohl, Knollensellerie, Daikon (Riesenrettich), Auberginen, Gurken, Zwiebeln, Knoblauch, Schalotten und Taro (Wasserbrotwurzel). In Afrika waren es Erbsen, Yamswurzel, Okraschoten, Flaschenkürbis, Wasser- sowie Honigmelonen, und in Nord- und Südame-

Auberginenblüten mit den für die Nachtschattengewächse typischen sternförmig angeordneten Blütenblättern und den an Vogelschnäbel erinnernden Blütenstempeln. Die Blüten der Tabakpflanze, der Kartoffel und der Tomaten gleichen ihnen fast aufs Haar.

rika Kürbis, Süßkartoffeln, Kartoffeln, Tomaten, Paprikaschoten, Pfeffer, Chayote (Kürbisgewächs), Avocado, Topinambur und Bohnen.

Der *Homo sapiens* sah, dass das alles gut war – und schuf den Gemüsegarten, der nichts mit dem sagenumwobenen Garten Eden Adam und Evas gemein hatte … Denn dieser Garten erforderte harte Arbeit. Unser unerschrockener, unerschütterlicher Ahne lernte, den Boden umzugraben und zu düngen, zu säen, zu jäten, zu bewässern, zu stützen, auszulichten, zurückzuschneiden, zu ernten, zu konservieren und vor allem genug Samen, Wurzeln oder Stecklinge aufzubewahren, um in der nächsten Saison neues Gemüse pflanzen zu können. Und bei dieser Herkulesarbeit rann ihm der Schweiß nicht nur von der Stirn, sondern auch von Hals, Armen und Brust!

Köstlichkeiten aus dem Klostergarten

Damit war der Gärtner geboren. Seine Geschichte ist untrennbar mit der des Gartens verbunden.

Der *Homo sapiens* arbeitete hart für sein tägliches Gemüse. Und er schöpfte daraus nicht nur Nahrung, sondern auch Freude. Er wurde zum Landwirt, aber auch zum Koch, zum Gastronomen – und zum Gourmet.

Er schlug sich den Bauch voll, getreu der Devise: Iss, was du kannst, solange du kannst, denn wer weiß, ob nicht morgen schon eine Hungersnot droht.

Und er war neugierig und erfinderisch. Jetzt, wo er die Vorratshaltung beherrschte (denn inzwischen wusste er, dass nicht jedes Jahr mit einer guten Ernte zu rechnen war), rückten mehr und mehr die kulinarischen Freuden in den Vordergrund, die aus den Näpfen und später von den Tellern aufsteigenden Düfte, die Verbindung von Geschmack und Aroma, der Nuancenreichtum der Aromen … So entstanden schon bald die ersten Rezepte und eine Haute Cuisine, man frönte dem

Gastmahl, aus dem der Grieche Platon einen philosophischen Dialog machte und das der reiche Römer Lukullus im ersten vorchristlichen Jahrhundert bis zum Exzess auskostete.

Das Anlegen und die Pflege der Gärten entwickelten sich zu einem Lebensinhalt, ja sogar zu einer Kunst. Im 8. Jahrhundert v. Chr. verfasste der Grieche Hesiod unter dem Titel *Werke und Tage* erstmals ein episches Lehrgedicht zur Landwirtschaft. Vom Okzident bis China erschienen zahlreiche Abhandlungen zum Gartenbau. Es gab Hunderte Gedichte zu diesem Thema, darunter etwa Vergils *Bucolica*. Wälder wurden gerodet, das Land urbar gemacht. Spaten und Pflug waren in ständigem Einsatz. Eine Entwicklung, die sich im Mittelalter noch beschleunigte, und das nicht nur in Europa, sondern auch in der arabischen Welt, in Indien, China, Westafrika und im präkolumbischen Amerika.

In Europa waren die Mönche die Begründer der »traditionellen« bäuerlichen Kultur. Die von ihnen vereinheitlichten und verbesserten Anbaumethoden sollten bis zur Industriellen Revolution des 19. Jahrhunderts Bestand haben. Auf diese Weise wurde das Gemüse »erfunden«.

Doch was genau ist eigentlich ein Gemüse?

Die Definition, die das *Deutsche Universalwörterbuch* liefert – »Pflanzen, deren verschiedene Teile in rohem oder gekochtem Zustand gegessen werden« – sollte man heute vielleicht noch folgendermaßen ergänzen: »ohne dass sie einen größeren industriellen Transformationsprozess durchlaufen haben«. Denn was ist im Ketschup noch von der Tomate, im Instantpüree von der Kartoffel oder im Brühwürfel vom Lauch übrig?

Das Wort Gemüse leitet sich vom lateinischen *legumen* her, das die zur Ordnung der Schmetterlingsblütenartigen (Fabales) zählende Familie der Hülsenfrüchtler oder Leguminosen bezeichnet, zu der auch die Bohne und die Erbse gehören. Das Wort Garten ist vermutlich vom indogermanischen *ghordo*, Umzäunung, abgeleitet.

Auf dem Land wurden die von den Mönchen entworfenen Gärten zum Vorbild. Sie befanden sich bei den Pfarrhäusern, den Häusern der Lehnsherrn oder neben Bauernhöfen, und nach dem Vorbild des klassischen Klostergartens kultivierte man dort nicht nur Gemüse, sondern auch Heil- und Zierpflanzen. Selbst in den Städten wurden diese Gärten kopiert, die sich aufgrund der unterschiedlichen Boden- und Klimaverhältnisse und der kulinarischen Traditionen von Region zu Region voneinander unterschieden. Dieser Garten hat sich bis heute erhalten, und weder die Großhandelskonzerne für Saatgut, Düngemittel und Pestizide konnten ihm etwas anhaben noch die Hersteller von Fertigprodukten und Convenience-Food, die ihre überteuerten Produkte unter dem Vorwand der Preissenkung mit aufwendigen Marketingstrategien vermarkten.

Die Entstehung der Sorten

Für jemanden, der sich für den Geschmack dieser alten, in Vergessenheit geratenen Gemüse begeistert, ist es eine Freude, aus dem Munde der Wissenschaft zu hören, dass wir Kinder des Topinamburs und des Knollenselleries sind! Das Gemüse stand am Beginn der Menschheitsgeschichte, es ist lebensnotwendig für uns. Deshalb sollten wir uns Gedanken darüber machen, wie wir heute mit diesen Pflanzen umgehen und was wir daraus machen könnten.

Die meisten Gemüsesorten sind zwar bereits seit dem Mittelalter bekannt, wurden jedoch von unseren Vorfahren immer wieder optimiert. Dies war ein langwieriger Prozess, und die Versuche waren nicht immer von Erfolg gekrönt. Doch hin und wieder kam ihnen dabei auch der Zufall zu Hilfe. Ob Gemüsegärtner, Bauer, Gärtner oder Hobbygärtner – es sind stets die gleichen Kriterien, die bei der Auswahl der Pflanzen und bei ihrem Anbau eine Rolle spielen:

1. Der Nährwert. Wie viel Energie liefern sie dem Körper? Wie viele verschiedene Nährstoffe enthalten sie? In einer von Hunger bedrohten Gesellschaft zählt jede Kalorie. Und unsere Vorväter erkannten schon früh, dass Pflanzen Stoffe enthalten, die die Gesundheit fördern. Durch den Skorbut und seine verheerenden Auswirkungen lernten die Seeleute die Vorzüge des Vitamin C schätzen, und das lange bevor die Wissenschaft die Ascorbinsäure identifiziert und ihr einen Namen gegeben hatte.

2. Der Ertrag. Die Weltbevölkerung wächst stetig und mit ihr der Bedarf an Nahrungsmitteln. Manche Sorten oder Varietäten werden ausgewählt, weil sie schneller, höher, kräftiger wachsen und sich die Erträge durch Düngung und Bewässerung besser steigern lassen als bei anderen.

Gelbe Zucchini im Frühstadium (das Stadium, das Gourmets bevorzugen). An der Frucht befinden sich sogar noch einige Blütenblätter.

Weißer Kohlrabi. Bei der essbaren Knolle handelt es sich um den verdickten unteren Teil der oberirdischen Sprossachse der Pflanze.

Rechts: Rispe mit noch nicht voll ausgereiften gelben Tomaten.

Unten: Weiße Auberginen-Hybride der besonders kleinen Sorte »Blanche Ronde à Œufs«.

3. Gesundheitliche Unbedenklichkeit, d.h. die Pflanzen dürfen nicht giftig sein. Roher Maniok etwa enthält Blausäure; Kartoffeln, Tomaten und Auberginen enthalten Solanin.

4. Der Geschmack. Wissenschaftler sprechen hier von »organoleptischen Eigenschaften«. Durch Züchtungen wird versucht, den Geschmack zu optimieren.

5. Der geeignete Boden. Der Landwirt wählt das Saatgut entsprechend den lokalen klimatischen, hydrologischen und geologischen Gegebenheiten sowie nach der Qualität des Bodens aus.

6. Schädlingsresistenz. Die Vorstellung, eine Ernte könnte durch einfallende Schädlinge wie Nagetiere, Schnecken, Insekten (Kornkäfer, Kartoffelkäfer, Blattläuse), Pilze (Mehltau) oder Keime (Bakterien, Viren) vernichtet werden, ist das Schreckgespenst jedes Bauern. Je besser eine Pflanze solche Eindringlinge abwehren kann, desto besser wird sie bewertet.

7. Und schließlich das Aussehen, die Ästhetik. Regelmäßige Formen und leuchtende Farben werden bevorzugt. Kartoffeln sollten eine ovale Form haben, Mairüben gleichmäßig rund sein, die Zucchini möglichst gerade, die Tomate richtig rot, die Karotte leuchtend orange, der Kohl schön rund sein.

Zur Optimierung der Pflanzen kannten unsere Vorfahren zwei Verfahren: die Selektion und die Hybridisierung. Bei der Selektion wählt man innerhalb ein und derselben Art jene Einzelpflanzen aus, die von Natur aus oder durch Mutation besonders ertragreich, besonders schön, besonders wetter- und schädlingsresistent etc. sind, um sie dann untereinander zu vermehren, damit nachteilige Eigenschaften eliminiert und vorteilhafte besser zum Tragen kommen.

Bei der Hybridisierung werden zwei nahe verwandte Arten oder Unterarten miteinander gekreuzt (indem man vorsichtig die Blütenstempel der einen mit den Pollen der anderen bestäubt), mit dem Ziel »Babys« zu bekommen, die die vorteilhaften Eigenschaften von »Mama« und »Papa« in sich vereinen.

Das Bestreben des Gärtners ist es, das so veränderte Erbgut dauerhaft zu erhalten. Um das zu erreichen, greift er auf ein »natürliches Klonverfahren« zurück, die vegetative Vermehrung durch Stecklinge und Ableger oder Veredelung.

Es bleibt ihm unbenommen, die Selektion oder die Hybridisierung mehrfach zu wiederholen, um noch größere, farbigere, robustere oder schmackhaftere Gemüsepflanzen zu erhalten. Dabei kann er auch »Immigranten«, d.h. Arten und Unterarten, die von weither – vom anderen Ende des Landes oder sogar von der anderen Seite des Ozeans – kommen, mit einbeziehen.

Der Verlust der Biodiversität

So arbeiteten unsere Vorfahren.

Und sie sahen, dass alles gut war. Und sie schufen überall auf der Welt Tausende von Gemüse-, aber auch Getreide- und Obstsorten, aromatischen Kräutern und Zierpflanzen, die man als »Kultivare« (von englisch *cultivated variety*) bezeichnet. Im 18. Jahrhundert kannte der *Homo sapiens* schätzungsweise mehr als 3000 solcher Kulturpflanzen.

Obwohl die Weltbevölkerung im 19. und 20. Jahrhundert von einer Milliarde auf sechs Milliarden anwuchs (2025 werden es acht Milliarden sein), ging die Zahl der Kulturpflanzen zurück. Heute existieren weltweit nur noch einige hundert. Im Verlauf von zwei Jahrhunderten sind uns mehr Gemüsesorten verloren gegangen, als unsere Vorfahren im Mittelalter kultiviert haben.

Die Ursache für diesen Verlust an landwirtschaftlicher Biodiversität lässt sich mit einem Wort zusammenfassen: Industrialisierung. Früher wurde Landwirtschaft in einem überschaubaren Rahmen von Familien betrieben. Im 19. und 20. Jahrhundert entwickelte sie sich zu einer regelrechten Großindustrie, die viele Hände brauchte (die nicht zur Verfügung standen). So kam es zu einer Konzentration, und die landwirtschaftlichen Erträge stiegen sprunghaft an. Dieser »historische« oder »fantastische« (an Attributen mangelt es nicht) Fortschritt, den man anfänglich darin sah, war auf verschiedene Faktoren zurückzuführen:

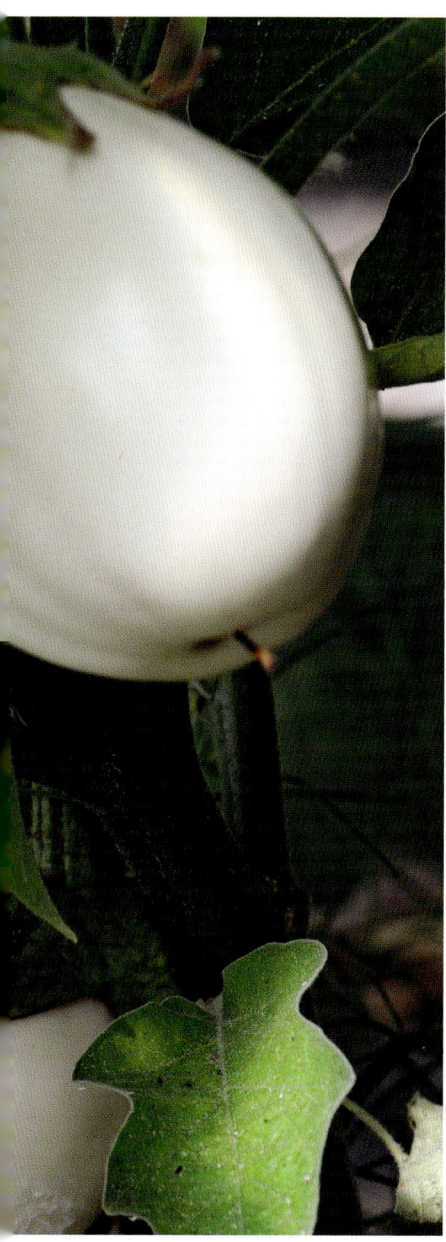

1. Aussaat, Pflege, Ernte, Transport – all die schweren Arbeiten, die früher Bauern, Rinder und Pferde mit ihrer Muskelkraft bewältigt hatten, verrichteten nun mit fossilen Brennstoffen (Kohle, Erdöl) betriebene Maschinen. Mit nur einem Liter Erdöl lässt sich das tägliche Arbeitspensum von zehn Sklaven bewältigen.

2. Natürliche Dünger (Stallmist, Gülle, Kompost) wurden durch chemische (Nitrate, Phosphate) ersetzt, die ebenfalls aus Erdöl gewonnen wurden.

3. Für die großzügige Bewässerung der Felder zapfte man hemmungslos Flüsse und tief gelegenes Grundwasser an.

4. Um die Kulturen vor Schädlingen zu schützen, besprühte man sie mit Herbiziden, Fungiziden, Insektiziden und anderen – euphemistisch als »Pflanzenschutzmittel« bezeichneten – Pestiziden.

5. Um die Erträge zu »optimieren« und ungeachtet der Jahreszeiten und der Fruchtfolge das ganze Jahr säen und ernten zu können, setzte man ungeheure Mengen an Düngern und Pestiziden und nicht minder große Energiemengen zum Beheizen der Gewächshäuser ein. Dabei ignorierte man einfach, dass Spargel im Frühjahr, Tomaten im Sommer und Schwarzwurzeln im Herbst Saison haben.

6. Dank neuer Konservierungsverfahren (Konserven, Tiefkühlung etc.) und chemischer Zusätze war es inzwischen möglich, die Lebensmittel über Monate und Jahre haltbar zu machen.

7. Moderne Transportmittel (Bahn, Schiff, Flugzeug) machten die Welt kleiner. Heute essen wir im Winter Bohnen aus dem Senegal oder Tomaten aus Chile.

8. Die Folge all dessen war eine zum Äußersten getriebene Standardisierung. Von den vielen tausend Kulturpflanzen, über die man Anfang des 19. Jahrhunderts verfügte, konnten sich lediglich ein paar besonders ertragreiche Sorten behaupten, die den Ansprüchen genügten, die man an die in den Supermärkten angebotene Massenware stellt. Und die Landwirte waren dazu verdammt, wie Fabrikarbeiter nur noch Teilarbeiten zu verrichten, sie wurden zu austauschbaren Subunternehmern der Saatgut-, Düngemittel- und Pestizidhersteller und zu Rohstofflieferanten für die Nahrungsmittelindustrie.

9. Begünstigt wurde diese Standardisierung zudem durch die Wissenschaft. Man begnügte sich nicht mehr mit der Selektion und der Hybridisierung. Durch die Erkenntnisse der Genforschung sind wir heute in der Lage, in die natürliche Evolution der Pflanzen einzugreifen, indem wir DNA (Desoxyribonukleinsäure) anderer Organismen (Pflanzen, Tiere, Mikroben) auf das Genom der Kulturpflanzen übertragen. Die internationalen Großkonzerne stürzen sich gierig auf den Markt dieser gentechnisch veränderten Organismen (GVO), um sich die alleinigen Patentrechte an den wichtigsten Pflanzenarten zu sichern, um den Saatgutmarkt und damit letztendlich auch den gesamten Lebensmittelherstellungsprozess zu beherrschen. Schließlich ist das Lebensmittelmonopol nicht nur die stärkste aller Waffen, es winken auch satte Gewinne …

Die industrielle Landwirtschaft – ein Auslaufmodell

Glücklicherweise formiert sich dagegen bereits Widerstand.

Der Siegeszug der Maschinen, des Erdöls, der GVO und der lächerlichen Überheblichkeit unserer Gattung kann nicht von Dauer sein. Angesichts der Endlichkeit der Ressourcen und einer wachsenden Umweltzerstörung lösen sich all die »guten Gründe«, die die wahnwitzige Industrialisierung der Landwirtschaft entfacht haben, heutzutage allmählich in Luft auf:

1. Die fossilen Brennstoffe sind endlich.

2. Die aus Erdöl gewonnenen chemischen Dünger vergiften die Böden und das Wasser und zerstören die Mikroflora in den Böden.

3. Süßwasser wird knapp. Die Landwirtschaft verbraucht bereits 70 Prozent der Süßwasserressourcen, und es ist keineswegs erwiesen, dass sich die Produktion durch vermehrte Bewässerung steigern lässt.

4. Die Pestizide sind eine Geißel. Diese Umweltgifte (DDT, Lindan, E 605, Malathion, Atrazin und wie sie alle heißen), die man im Übrigen eines nach dem anderen verbieten sollte, lösen das Schädlingsproblem nicht, sondern führen zur Entstehung resistenter Arten. Und sie machen nicht nur die Tiere, sondern auch den Menschen und vor allem die Landwirte krank und unfruchtbar.

5. In Gewächshäusern gezogenem Obst und Gemüse fehlt nicht nur die Sonne, es wird überdies zu früh geerntet und ist deshalb wässrig, es hat weder Geschmack noch Aroma.

6. Die industriellen Verfahren der Konservierung und Verarbeitung von Gemüsepflanzen stehen nicht mehr in Einklang mit den Ansprüchen der Verbraucher. Es gibt sogar gewissenlose Hersteller, die ihre Erzeugnisse mit allem Möglichen anreichern und die nicht einmal vor dem Einsatz gesundheitsgefährdender Stoffe zurückschrecken. Man denke nur an die mit Wasserstoff gehärteten Pflanzenfette, die voller Transfette – den Todfeinden unseres Herz-Kreislauf-Systems – stecken. Und die Serie der Lebensmittelskandale reißt nicht ab. Gammelfleisch, »Rinderwahn«, dioxinverseuchtes Schweinefleisch, mit Altöl verunreinigtes Rapsöl, EHEC-Erreger, die auf Salat, Gurken und Tomaten sitzen, die Liste scheint endlos. Bleibt abzuwarten, was als Nächstes kommt.

7. Es ist ökologisch nicht tragbar, den Rhythmus der Natur und insbesondere den Wechsel der Jahreszeiten schlichtweg zu ignorieren und Lebensmittel vom anderen Ende der Welt zu importieren und den weltweiten Ausstoß von Treibhausgasen durch diesen Transport noch zu erhöhen.

8. Die Standardisierung der Produkte hat zur Folge, dass unsere Geschmackspapillen abstumpfen. Überall die gleichen mehligen Kartoffeln. Überall die gleichen wässrigen Tomaten. Überall die gleichen schlaffen Rettiche, denen es an jeglicher Schärfe fehlt. Überall der gleiche fade, schlappe Kopfsalat … Um ihre Märkte nicht zu verlieren, müssen die Nahrungsmittelhersteller ihre Erzeugnisse mit Unmengen an chemischen Zusatzstoffen anreichern, um ihnen die gewünschte Farbe und Struktur zu verleihen und den Geschmack zu verstärken. Das sind natürlich in erster Linie Salz, Zucker und Fett (die Bluthochdruck, Diabetes und Übergewicht begünstigen), aber auch künstliche Aromastoffe, die gesundheitlich nicht immer unbedenklich sind.

9. Für die Medizin ist die Gentechnik ein großer Hoffnungsträger. Aber nicht für die Landwirtschaft. Bevor man sie im großen Stil und zum Nutzen einiger weniger einsetzt, ist eine umfassende Evaluation unverzichtbar, denn die gesundheitlichen Risiken für den Menschen und die Gefahren für die Biosphäre sind zu groß, als dass man der Industrie das Privileg einräumen dürfte, gleichzeitig Richter und Partei zu sein.

Überall auf der Welt haben sich Menschen mit der Situation auseinandergesetzt und die Risiken – auf regionaler und internationaler Ebene – abgewogen. Und sie alle haben nur einen Wunsch: dass die Menschheit in punkto Ernährung und Landwirtschaft umdenkt und damit noch einmal eine so einschneidende Revolution einleitet wie zur Zeit des Neolithikums.

Das »vergessene« Gemüse – ein Segen für Mensch und Natur

Das soll keineswegs heißen, dass wir wieder zu mittelalterlichen Verhältnissen zurückkehren, ohne Elektrizität und fließendes Wasser; dass wir in Lumpen und Holzschuhen mit Hühnern und Schweinen auf dem nackten Boden in Hütten hausen und uns – bis zur nächsten Hungersnot – von Rüben

Honigbiene beim Bestäuben einer Zucchiniblüte.

Rechts oben: Im Schutz von Tagetesblüten, die ihnen gefräßige Insekten vom Leib halten, reifen diese Bio-Tomaten.

Rechts: Das beste natürliche Insektizid: der Marienkäfer. Nicht nur die Käfer, auch die Larven ernähren sich von Blattläusen und anderen »Saftsaugern«.

und Brennnesseln ernähren sollen! Die Übertreibung ist eine Waffe, derer sich die Lobbyisten der Agrarindustrie nur allzu gerne bedienen. Es geht lediglich darum, dass der Landwirt sein Schicksal wieder in die eigenen Hände nimmt, dass er seinen Beruf wieder nach allen Regeln der Kunst und im Einklang mit der Natur ausübt, dass er wieder selbst darüber entscheidet, was er anbaut und wie er dies tut, dass er seiner Arbeit wieder mit Freude nachgeht und dass ihn die Qualität der Produkte, die er auf den Markt bringt, wieder mit Stolz erfüllt.

Es ist ohne Weiteres möglich, ohne chemische Dünger, ohne Pestizide, ohne GVO auszukommen und auf das ökologische Gleichgewicht Rücksicht zu nehmen und dabei dennoch gewinnbringend zu wirtschaften und Milliarden von Menschen zu ernähren, die, wie ein epikureischer Philosoph es formulieren würde, Gäste beim großen Bankett des Lebens sind.

Es darf nicht sein, dass wir unser Wissen in den Dienst einiger machthungriger, profitgieriger Multis stellen. Die historische Aufgabe der Ökologie als Wissenschaft (denn sie ist es, für die der Begriff in erster Linie steht) besteht deshalb darin, den Biobauern das theoretische und praktische Rüstzeug an die Hand zu geben und sie auf diese Weise bei ihrem so wichtigen und ambitionierten Vorhaben, Menschen zu ernähren, zu unterstützen, ohne dass dies zu Lasten der kommenden Generationen geht.

Nur eine regionale, ökologisch ausgewogene Landwirtschaft wird im 21. Jahrhundert eine Überlebenschance haben. Eine Landwirtschaft, der eine engagierte junge Generation, die sich der Tragweite der Problematik bewusst und die sich darüber im Klaren ist, welchen Einfluss die Entscheidungen, die wir heute treffen, auf die Zukunft unserer Gattung haben, neue Impulse verleiht.

In diesem globalen Kampf spielt das Gemüse eine wichtige Rolle, und das gilt insbesondere für die alten Gemüsesorten. Denn mehr noch als für die Vergangenheit stehen diese vielen hundert Kulturpflanzen, die wir aus irgendwelchen fadenscheinigen Gründen vernachlässigt haben, für die Zukunft und für die Ziele, die es im Rahmen einer »ökologischen« Revolution zu verwirklichen gilt, als da sind: landwirtschaftliche Biodiversität, Entgiftung der Böden, natürliche Schädlingsbekämpfung, sparsamer Umgang mit den Wasserressourcen, moderater Einsatz von Düngern, Nachhaltigkeit in der Produktion, Rücksichtnahme auf das einzigartige – und außerordentlich fragile – Biotop Erde.

Was dieses Buch aber vor allem zeigen will, ist, dass diese alten Sorten, abgesehen von den ökologischen, ökonomischen und gesellschaftlichen Gründen die dafür sprechen, sich wieder auf sie zu besinnen, einfach lecker sind. Ob herb oder süß, mild oder pikant, zart oder knackig – die Auswahl und der Nuancenreichtum dieser außerordentlich schmackhaften Gemüse ist riesig. Und appetitlich anzuschauen sind sie obendrein!

Bei ihrer Erzeugung werden die Rechte zukünftiger Generationen berücksichtigt, und für den heutigen *Homo sapiens* sind sie einfach ein Genuss.

Wer diese alten Gemüsesorten noch nicht versucht hat, der sollte dies unbedingt nachholen. Sie werden begeistert sein von der Formen- und Geschmacksvielfalt, und die längst vergessenen Düfte werden Erinnerungen an so manchen Festschmaus wecken.

Und sollte sich Ihnen die Gelegenheit bieten, einmal zu probieren, was unsere Mitmenschen in anderen Ländern, vielleicht sogar am anderen Ende der Welt, so alles erfunden haben, um ihre Gaumen zu verwöhnen, dann sollten Sie es unbedingt tun.

Der weise Chinese Konfuzius sagte: »Auch wenn nur einfache Speisen und Wasser zur Verfügung stehen und einem der angewinkelte Arm als Ruhekissen dient, kann man fröhlich sein.« Dem ist nichts hinzuzufügen – lediglich den Schluss des Zitats würden wir als Anhänger der Genusskultur gerne ein wenig abwandeln und das Wasser durch ein Glas guten Weins ersetzen.

Der Begriff »Bio« wird gerne missbraucht

Wir beginnen gerade, uns wieder auf diese alten Gemüsesorten zu besinnen, und sie haben auch schon wieder Einzug in unsere Gemüsegärten und unsere Küchen gehalten. Dieser Trend geht Hand in Hand mit dem sogenannten »Durchbruch der Biolebensmittel«. Die Nachfrage nach natürlich (ohne chemische Dünger und Pestizide) angebauten Produkten, d.h. nach Produkten, die das Biosiegel tragen dürfen, steigt jährlich um etwa zehn Prozent. Dennoch ist der Anteil des ökologischen Landbaus an der landwirtschaftlichen Nutzfläche nach wie vor verschwindend gering: In Deutschland macht er etwa fünf Prozent aus, in Frankreich zwei, in ganz Europa drei, in Liechtenstein 26, in Österreich 13 und in der Schweiz elf Prozent. Der europäische Anteil am Weltmarkt für Bioprodukte liegt bei 50 Prozent. Dies entspricht lediglich einem Prozent des Weltmarkts für Nahrungsmittel.

Der Erfolg der Biobranche ist den großen und kleinen Händlern nicht entgangen, und so findet man Bioprodukte inzwischen selbst in den großen Supermärkten. Eine an sich höchst erfreuliche Entwicklung, wäre es dadurch nicht zu unerfreulichen Verzerrungen gekommen. Biogemüse im Allgemeinen und die alten Gemüsesorten im Besonderen sind preiswerter als allgemein behauptet. Vor allem aber sind sie weitaus billiger als die minderwertigen Fertigerzeugnisse der Nahrungsmittelindustrie und die abgepackten Waren in den Supermärkten, die sich dennoch gut verkaufen. Durch die Aussicht auf neue Profite wird die Versuchung zu betrügen noch größer. Ziel der großen Handelsunternehmen ist es, einen Sektor zu kontrollieren, dem sie lange keine Beachtung geschenkt haben. Um dies zu erreichen, greifen sie zu völlig widersinnigen Mitteln. Sie lassen als »Bio« deklarierte Produkte vom anderen Ende der Welt einfliegen, die jedoch, nachdem sie Tausende von Kilometern mit dem Flugzeug zurückgelegt haben, alles andere als ökologisch wertvoll sind. Sie animieren Gemüsebauern dazu, sich auf die alten Gemüsesorten zu spezialisieren, nötigen sie aber gleichzeitig, mit industriellen Anbaumethoden zu arbeiten. Sie üben auf diese Bauern den gleichen finanziellen Druck aus wie auf ihre herkömmlichen Lieferanten. Derart in die Enge getrieben, sind die Landwirte gezwungen, die Erträge zu steigern, nicht mehr saisonal zu produzieren etc., mit dem Ergebnis, dass das Gemüse wieder in Gewächshäusern gezogen wird und man zu einer intensiven Bewässerung, chemischen Düngern und Pestiziden zurückkehrt.

Bis zum nächsten Lebensmittelskandal …

Apropos Skandal: Um ihr Monopol (oder Oligopol) nicht zu gefährden, nehmen die großen Saatgut- und Düngemittelhersteller vor allem in Europa über Lobbys Einfluss auf die Parlamente. Unter dem Vorwand, man wolle den Landwirten nur qualitativ hochwertiges Saatgut verkaufen und somit die Volksgesundheit schützen, sorgen die Lobbyisten dafür, dass dort Gesetze verabschiedet werden, die genau festlegen, was in den Verkauf gelangen darf und was nicht. Diese Listen – aus denen die alten Sorten ausgeschlossen sind, die die Gärtner zum Teil schon seit Jahrhunderten verwenden und die nicht durch Patente geschützt sind – werden von den Multis in ihren Katalogen nach Belieben verändert. Der Handel mit Saatgut, das nicht in diesen offiziellen Listen steht, wird sogar mit Geld- und Gefängnisstrafen geahndet. Das Saatgut für die dort aufgeführten Hybridsorten kann also nur von den Inhabern der entsprechenden Patente (oder denjenigen, die das Nutzungsrecht besitzen) in den Handel gebracht werden, und die Landwirte müssen es Jahr für Jahr neu erwerben.

Ein Korb mit Topinambur. Lange Zeit als Kriegs- und Armeleutegemüse gering geschätzt gilt die Knolle heute als Delikatesse.

Orange und violette Karotten, Rote Bete und Œil-de-Perdrix-Kartoffeln – ein Marktkorb, der so richtig Appetit macht!

Ähnlich sieht es bei den Düngemitteln aus. Gehandelt werden dürfen nur bestimmte chemische Stoffe. In Frankreich hat kürzlich eine Affäre Aufsehen erregt, die Bände spricht: die richterliche Bestätigung des Handelsverbotes für Brennnesseljauche, einem »Bio«-Dünger, den man seit Menschengedenken verwendet. Einige »Öko«-Verbände hatten versucht, sich darüber hinwegzusetzen. Den »gefährlichen Kriminellen« drohen nun Gerichtsverfahren, hohe Geldstrafen und alle sonstigen Konsequenzen, die man in derartigen Fällen zu erwarten hat.

Der Handel mit Samen und Stecklingen alter Gemüsesorten ist gesetzlich geregelt. Ein Gärtner, der seine eigenen Sorten erneut aussät oder die Samen an einen befreundeten Kollegen weitergibt oder der seinem Nachbarn eine Schubkarre voll Mist überlässt, ist ein potenzieller Verbrecher.

Womöglich riskieren auch Sie eine Gefängnisstrafe, wenn Sie dieses Buch lesen!

Frühling, Sommer, Herbst

Die vier Jahreszeiten
Der Reigen der Natur

Gemüse ist ein lebender Organismus.
Es wird geboren, es lebt und stirbt für uns. Es gibt uns seine Energie, seinen Geschmack, sein Aroma, seine Mineralstoffe, seine Heilkraft …
Es geht mit der Zeit, denn es ist ein saisongebundenes Produkt. Daran erinnern die ländlichen Bräuche, das lehrt uns die Ökologie.
Eine Gemüsepflanze ist das Ergebnis des Zusammenspiels vieler Faktoren. Erde, Luft, Wasser, die Scholle, in die sie gesät wird, spielen dabei eine Rolle, ja sogar die Himmelsmechanik. Denn die Rotationsachse, um die sich unser Planet dreht, weist im Vergleich zur Sonne eine Neigung von 23,5 Grad auf. Und diese Neigung ist es, auf die der Wechsel der Jahreszeiten zurückzuführen ist. Physikalische Gesetze, die auch auf uns Einfluss haben, mögen wir uns auch noch so sehr bemühen, uns davon unabhängig zu machen, indem wir unsere energieverschwendende, umweltverschmutzende und zerstörerische Zivilisation glorifizieren. Wir tun so, als glaubten wir, wir könnten bis in alle Ewigkeit aus dem Vollen schöpfen. Doch wenn wir unsere Überheblichkeit nicht ablegen, wird uns die Natur erbarmungslos in unsere Schranken weisen. Der Mikrokosmos Garten hat seine eigenen Rhythmen – seine biologische Zeit, seine Biorhythmen. Unser Planet tanzt zur Musik der vier Jahreszeiten, und wir drehen uns mit ihm.

Die Rote Bete

Beta vulgaris var. *vulgaris*
Familie der Gänsefußgewächse (Chenopodiaceae)

Crapaudine

Die Crapaudine ist eine spät reifende, alte französische Varietät. Sie ist vermutlich aus einer »castelnaudari«, einer gelbfleischigen Bete aus der südfranzösischen Gemeinde Castelnaudary entstanden, die seit dem 17. Jahrhundert in den königlichen Gärten angebaut wurde. Die beinahe schwarze Schale, die die halblange Wurzel umhüllt, ist rau und gefurcht wie die Rinde eines Baumes, weshalb man die Crapaudine in Frankreich gelegentlich auch »Eichenbete« oder »Tannenbete« nennt. Das dunkelrote Fruchtfleisch mit seinem süßen Geschmack ist eine echte Delikatesse.

Der Legende nach ist der blutrote Saft der Roten Bete das Blut einer Nymphe, der Zeus nachstellte. Schneidet man sie in Scheiben, nimmt das Fruchtfleisch eine granat- oder rubinrote, mitunter auch topasfarbene Färbung an.

Das Wort »Bete« ist vom lateinischen *beta* – Rübe – abgeleitet. Gängig ist auch die Bezeichnung Rote Rübe. Daneben findet man sie auch unter dem Namen »Salatbete« oder »Salatrübe«.

VERGESSEN – WIEDERENTDECKT Aufgrund ihrer nahen Verwandtschaft zur Futterrübe stand die Rote Bete lange Zeit in keinem besonders guten Ruf und geriet mehr und mehr in Vergessenheit. Dabei ist sie alles andere als ein minderwertiges Kantinengemüse, vor allem die alten Sorten zeichnen sich durch einen ausgesprochen feinen Geschmack aus.

HERKUNFT Die Rote Bete ist aus der Meerstrandrübe (Beta vulgaris var. maritima) hervorgegangen, einer wild wachsenden Pflanze, die an den europäischen Küsten gedeiht. Unsere Vorfahren haben daraus nicht nur die Rote Bete gezüchtet, sondern auch den Mangold (B. vulgaris var. cicla), die Futterrübe (B. vulgaris var. rapacea) und die Zuckerrübe (B. vulgaris var. altissima). In früherer Zeit schätzte man sie vor allem als Heilpflanze. Ihre Verwendung als Gemüse ist erstmals im 2. Jahrhundert belegt. Im 14. Jahrhundert fand die Rote Bete auch in England, Deutschland und Polen (man denke nur an den berühmten Borschtsch) Verbreitung. Der französische Entdecker und Seefahrer Jacques Cartier brachte sie schließlich in die Neue Welt. Neben den rotfleischigen Sorten gibt es auch Varietäten mit weißem, orangefarbenem und gelbem Fruchtfleisch. Heute beherrschen verschiedene Kultursorten den Markt, denen die alten Sorten, die inzwischen eine Renaissance erleben, jedoch weit überlegen sind.

ANBAU Rote Bete hat von Mai bis Oktober Saison. Küchenfertig vorgegart und vakuumverpackt ist sie das ganze Jahr über erhältlich. Rote Bete bevorzugt durchlässige Böden und organische Dünger. Die Aussaat erfolgt von Mitte März bis Mitte Juli. Um zu verhindern, dass die Pflanzen in Samen schießen, sind ausreichende Wassergaben erforderlich.

LAGERUNG Beim Einkauf sollte man darauf achten, dass die Rüben fest und glatt sind und weder Flecken noch Druckstellen aufweisen. Im Kühlschrank halten sie sich 2–4 Wochen, vorausgesetzt, man entfernt das Laub und die Seitenwurzeln nicht. Rote Bete niemals roh einfrieren, sie wird sonst schlaff.

SORTEN Die französische Crapaudine hat eine dicke, raue schwarze Schale und ist besonders süß im Geschmack. Weitere empfehlenswerte Sorten sind die italienische Tonda da Chioggia, die schwarze Ägyptische Plattrunde, die Sorte Detroit, die orangerote Burpee's Golden, die Sorte Bull's Blood, die Covent Garden oder die weiße Albina Vereduna.

VERWENDUNG Ob roh oder gekocht, kalt oder warm oder in Essig eingelegt – Rote Bete ist immer ein Genuss. Die Rüben möglichst mit der Schale garen, damit die Nährstoffe erhalten bleiben. Außerdem lassen sie sich dann leichter schälen. Das Kraut kann wie Spinat oder Mangold gekocht werden.

ERNÄHRUNGSPHYSIOLOGISCHE EIGENSCHAFTEN Rote Bete hat antioxidative Eigenschaften und enthält die Vitamine A, C, B6 und K sowie Kalium, Eisen, Kupfer, Calcium und Zink. Außerdem Riboflavin, Thiamin und Folsäure. Sie soll appetitanregend und verdauungsfördernd wirken, Kopfschmerzen lindern und gilt als probates Mittel bei Grippe und Anämie. Vorsicht bei Diabetes: Die Rübe ist zuckerhaltig.

Tonda da Chioggia

Die mittelgroßen, runden Rüben dieser italienischen Sorte haben eine leuchtend rote bis orangefarbene Schale und ein festes, glänzendes weißes Fruchtfleisch, das beim Zerschneiden eine rötliche oder gelb-orange Färbung annimmt. Die Tonda da Chioggia zeichnet sich durch einen intensiven, süßlichen Geschmack aus. Die relativ früh reifende Sorte ist sehr ertragreich – ein Pluspunkt, den auch Biobauern zu schätzen wissen. Die jungen Rüben schmecken am besten roh oder kurz gedämpft.

Albina Vereduna

Runde Rübe mit weißem, außerordentlich schmackhaftem Fruchtfleisch. Die Albina Vereduna sollte man am besten jung zu Fisch und Geflügel genießen. Die vitaminreichen Blätter können wie Spinat gekocht werden. Die Rübe bevorzugt durchlässige, humusreiche und tiefgründige Böden. Die Aussaat (in Reihe) erfolgt im April/Mai; gut dreieinhalb Monate später sind die Rüben erntereif.

Covent Garden

Relativ große, ovale Rübe mit granatroter Schale und dunkelrotem Fruchtfleisch mit roten Ringen. Die Blätter mit den violetten Blattstielen können wie Spinat zubereitet werden. Die Sorte eignet sich auch zum Rohverzehr, insbesondere als Salat. Sie wird vor allem im Winter angeboten und zeichnet sich durch eine besonders gute Lagerfähigkeit aus.

Detroit

Diese ursprünglich in Südeuropa und Westasien beheimatete Sorte
existiert bereits seit dem 19. Jahrhundert (oder sogar noch länger). Die
rundlich-ovale Rübe hat eine dunkelrote Schale und ein dunkelrotes
Fruchtfleisch. Die Blätter sind ebenfalls dunkelrot. Die Sorte zeichnet
sich durch eine gute Lagerfähigkeit aus und wird von Juni bis Oktober
bundweise auf Märkten angeboten.

Golden

Wann diese alte Frühsorte in Europa erstmals kultiviert wurde, ist
nicht genau belegt. In Amerika ist sie seit 1828 bekannt. Die Rübe
hat eine goldgelbe bis rötlich braune Schale und ein leuchtend gelbes
Fruchtfleisch mit sehr süßem Geschmack. Auch die aromatischen
Blätter schmecken leicht süßlich. Noch leuchtender in der Farbe ist
ihre nahe Verwandte, die Burpee's Golden.

Rezepte

Rote-Bete-Püree

Für 6 Personen
Zubereitung und Kochzeit: ca. 1 Std.

Zutaten

1 kg Rote Bete (z.B. Crapaudine)
2 Frühlingszwiebeln
Salz, Pfeffer
Balsamico-Essig

Zubereitung

Den Backofen auf 250 °C vorheizen. Die Roten Beten waschen, einzeln in Alufolie verpacken und 50 Min. (große Rüben 1½–2 Std.) im Ofen garen. Kurz abkühlen lassen und schälen. Die Frühlingszwiebeln waschen und hacken. Die Roten Beten mit einer Gabel zerdrücken und mit Salz und Pfeffer würzen. Etwas Balsamico-Essig unterrühren und unmittelbar vor dem Servieren die Frühlingszwiebeln untermischen. *Rote Bete kann auf verschiedene Art gegart werden, im Backofen wie hier, im Schnellkochtopf (je nach Größe 20–25 Min.) oder einfach in Wasser. Für welche Methode Sie sich entscheiden, hängt davon ab, wie viel Zeit Sie haben und wie groß die Rüben sind. Die Blätter für eine Suppe oder eine Tarte aufheben.*

Rübensalat mit Kresse und Rocamadour

(auf dem Foto rechts)
Für 6 Personen
Zubereitung und Kochzeit: 1 Std. 20 Min.

Zutaten

1 gelbfleischige Rote Bete (z.B. Burpee's Golden)
1 weißfleischige Rote Bete (z.B. Tonda di Chioggia)
1 Mairübe oder 1 Steckrübe
2 Karotten
1 graue Schalotte
1 Frühlingszwiebel
6 kleine Zwiebeln
1 Bund echte Brunnenkresse
25 ml alter Weinessig
60 ml Traubenkernöl
2 junge Rocamadour*-Käse (Ziegenmilchkäse)
70 ml Milch
Salz, Pfeffer

Zubereitung

Die Roten Beten und die Mairübe 30–40 Min. in Salzwasser garen. Kalt abschrecken und abtropfen lassen. Die Karotten schälen und in dünne Scheiben schneiden. Die Schalotte schälen und fein hacken. Die Frühlingszwiebel

waschen und fein hacken. Die Zwiebeln schälen und fein schneiden. Die Kresse gründlich waschen und die Blätter abzupfen. Den Essig mit etwas Salz, Pfeffer und dem Öl zu einer Vinaigrette verrühren und die Schalotte untermischen.
1 Rocamadour klein schneiden. Mit 35 ml Milch, Salz und Pfeffer in eine Schüssel geben und mit einem Schneebesen glattrühren. Mit dem zweiten Käse genauso verfahren und die Frühlingszwiebel untermischen. Die beiden Saucen zur Seite stellen.
Die Roten Beten und die Mairübe schälen und in dünne Scheiben schneiden. In eine Schüssel geben. Karotten, Zwiebeln und Kresseblätter zufügen. Das Gemüse leicht vermischen und mit der Vinaigrette überziehen. Die beiden Käsesaucen getrennt dazu reichen.

Borschtsch mit Seeteufel

Für 4 Personen
Zubereitung und Kochzeit: 1 Std. 15 Min.

Zutaten

500 g Rote Bete (z.B. Crapaudine)
2 Karotten
1 Zwiebel
1 Knoblauchzehe
½ Wirsing
1 Stange Lauch
1 Tomate
Petersilie
1 l Gemüsebrühe
500 g Seeteufelfilet
saure Sahne
Salz, Pfeffer

Rote Bete, Karotten, Zwiebel und Knoblauch schälen und raspeln bzw. reiben. Wirsing sowie Lauch waschen und fein schneiden. Die Tomate enthäuten, die Kerne entfernen und das Fruchtfleisch würfeln. Die Petersilie waschen und fein schneiden.

Das Gemüse in einen großen Topf füllen, mit Gemüsebrühe bedecken und das Ganze einmal aufkochen lassen. Den Deckel auflegen und das Gemüse 45 Min. köcheln lassen. Die Seeteufelfilets in kleine Würfel schneiden.

Die Suppe durch ein feines Sieb (oder ein mit einem Geschirrtuch ausgelegtes Sieb) abseihen. Die Fischwürfel in die Brühe einlegen und 10 Min. kochen. Den Borschtsch mit Salz und Pfeffer abschmecken.

Der klassische Borschtsch ist zwar eine klare Suppe, sie können das Gemüse aber auch mitsamt der Brühe pürieren.

Suppe mit Rote-Bete-Kraut und Borretsch

Für 6 Personen
Zubereitung und Kochzeit: 30 Min.

Zutaten

1 kg Rote Bete (z.B. Albina Vereduna, Burpee's Golden) mit Kraut
120 g Borretschblätter
1 große Kartoffel
1 Pastinake
1 Zwiebel
Butter
Salz, Pfeffer
Borretschblüten zum Garnieren

Zubereitung

Die Beteblätter 3 cm über der Knolle abschneiden (die Knollen für ein anderes Gericht aufheben). Bete- und Borretschblätter waschen. Kartoffel und Pastinake schälen und in Stücke schneiden. Die Zwiebel schälen, fein schneiden und einige Minuten in Butter anschwitzen. Das Gemüse dazugeben und ebenfalls kurz anschwitzen. Anschließend mit Wasser bedecken und aufkochen lassen. Den Deckel auflegen und das Gemüse etwa 20 Min. (im Schnellkochtopf 10 Min.) garen.

Den Topfinhalt pürieren. Die Suppe mit Salz und Pfeffer abschmecken und vor dem Servieren mit Borretschblüten garnieren.

Der Suppe vor dem Servieren noch ein paar Salatblätter, Radieschen- oder Mairübenkraut zufügen.

Rote-Bete-Salat mit jungem Spinat

Für 4 Personen
Zubereitung: 25 Min.

Zutaten

200 g junger Spinat
1 Knoblauchzehe
Saft von ½ Zitrone
Salz, Pfeffer
1 EL grobkörniger Senf
1 Eigelb
Öl
3 kleine Rote Beten (z.B. Detroit)
2 Eier, hart gekocht
glatte Petersilie, gehackt

Zubereitung

Die Spinatblätter von den Stielen befreien und vorsichtig waschen (die Blätter keinesfalls im Wasser liegen lassen). Dann trockenschleudern. Den Knoblauch schälen, hacken und mit Zitronensaft, Salz und Pfeffer verrühren.

Senf und Eigelb mit 1 Prise Salz und Pfeffer in eine kleine Schüssel geben und mit etwas Öl glattrühren.

Die Roten Beten schälen, raspeln und mit der Knoblauch-Zitronensaft-Mischung beträufeln. Die Eier schälen und fein würfeln.

Eine große Platte mit den Spinatblättern auslegen. Die Rote Bete in der Mitte anrichten. Eiwürfel und Petersilie darüberstreuen. Die Senfsauce dazu reichen.

Den Salat nach Belieben noch mit Apfelstückchen anreichern und als Vorspeise, z.B. mit marinierten oder geräucherten Heringsfilets, servieren.

Warme Austern mit Roter Bete und Süßkartoffeln

Für 4 Personen
Zubereitung und Kochzeit: 1 Std. 40 Min.

Zutaten

1 weißfleischige Rote Bete (z.B. Albina Vereduna)
100 g Kerbelrübe (Knolliger Kälberkropf)
2 Süßkartoffeln (etwa 200 g)
1 Tomate
12 mittelgroße Austern
Butter
Salz, Pfeffer
Öl
100 ml trockener Weißwein
1 EL Crème fraîche épaisse* (ersatzweise herkömmliche Crème fraîche)
Kerbel, fein geschnitten

Zubereitung

Bete sowie Kerbelrübe schälen und in dünne Scheiben schneiden. Das Betekraut waschen und fein schneiden. Die Süßkartoffeln schälen und grob würfeln. Die Tomate enthäuten, die Kerne entfernen und das Fruchtfleisch fein würfeln. Die Austern öffnen und das Wasser durch ein feines Sieb in eine kleine Schüssel seihen.

Den Backofen auf 210 °C vorheizen.

Die Süßkartoffeln in einen Topf mit kaltem Salzwasser geben, aufkochen und 20 Min. kochen lassen. Butter in einer Kasserolle zerlassen, das Betekraut dazugeben und mit Salz und Pfeffer würzen. Den Deckel auflegen und die Blätter 12 Min. dünsten.

Öl in einer Sauteuse erhitzen, die Betescheiben portionsweise darin frittieren und im Backofen warm halten. Die Kerbelrübe ebenfalls frittieren und warm stellen. In einem kleinen Topf das Austernwasser mit dem Weißwein aufkochen. Den Topf vom Herd nehmen, die Austern einlegen und 1 Min. pochieren. Anschließend abtropfen lassen und warm stellen.

Die Süßkartoffeln pürieren, die Crème fraîche unterrühren und das Püree mit Salz und Pfeffer abschmecken.

Die Austernkochflüssigkeit erhitzen und einkochen lassen. Mit kalter Butter binden und die Tomatenwürfel hinzufügen. Mit Salz und Pfeffer abschmecken und den Kerbel einrühren. Die Sauce warm halten.

Das Süßkartoffelpüree auf 4 Teller verteilen, die Gemüsechips rundherum anrichten. Die Austern auf den gedünsteten Beteblättern arrangieren und mit der Sauce überziehen.

Glasierte Rote Bete mit gebratenem Steinbutt

Für 6 Personen
Zubereitung und Kochzeit: 1 Std. 20 Min.

Zutaten

1 kg gelbfleischige Rote Bete (z.B. Burpee's Golden)
1 kg rote Zwiebeln
150 g Butter
200 ml trockener Rotwein
gemahlener Zimt
Salz, Pfeffer
200 g flüssiger Honig
Saft von 2 Orangen
6 Steinbuttfilets
Mehl
Öl

Zubereitung

Die Betestiele bis auf 3–4 cm abschneiden. Die Knollen waschen und je nach Größe in 30–40 Min. in Salzwasser weich garen. Die Zwiebeln schälen und fein schneiden.

100 g Butter in einer Kasserolle erhitzen. Die Zwiebeln mit Rotwein, 1 Prise Zimt, Salz und Pfeffer dazugeben und zugedeckt 1 Std. dünsten. Dabei gelegentlich umrühren. Anschließend den Deckel abnehmen und die Flüssigkeit verdunsten lassen.

Die Rote Bete abgießen, mit kaltem Wasser abschrecken, schälen und vierteln. In einer Kasserolle den Honig mit 2 EL Orangensaft, Salz und Pfeffer aufkochen. Restliche Butter hinzufügen, die Rote Bete in den Topf geben und bei starker Hitze unter häufigem Rühren karamellisieren lassen.

Die Steinbuttfilets waschen, trocken tupfen, mit Salz würzen und in Mehl wenden.

Öl in einer großen Pfanne erhitzen, die Filets auf jeder Seite 5 Min. braten und auf Küchenpapier abtropfen lassen. Auf einer Servierplatte anrichten und mit Orangensaft beträufeln. Die glasierte Rote Bete und das Rote-Zwiebel-Gemüse rundherum anrichten.

Tarte Tatin mit Roter Bete

(auf dem Foto oben)
Für 6 Personen
Zubereitung, Koch- und Backzeit: 1 Std. 30 Min.

Zutaten

1 große gelbfleischige Rote Bete (z.B. Burpee's Golden)
4 säuerliche Äpfel
Butter
100 g Zucker
Zitronensaft
2 EL Honig
30 g Farinzucker (nach Belieben)
230 g backfertiger Mürbeteig (aus dem Kühlregal)

Zubereitung

Den Backofen auf 200 °C vorheizen.
Die Rote Bete 30 Min. in Wasser garen. Anschließend abkühlen lassen, schälen und in kleine Stücke schneiden. Bei schwacher Hitze 15 Min. in einer Pfanne anbräunen. Die Äpfel schälen, die Kerngehäuse entfernen und das Fruchtfleisch in

Spalten schneiden. 5 Min. in heißer Butter anschwitzen, bis sie Farbe annehmen.

Ein rundes Backblech (24 cm Durchmesser) mit Butter einfetten. In einer kleinen Edelstahlkasserolle einen Karamell herstellen. Hierfür den Zucker mit 2 EL Wasser bei mittlerer Hitze unter laufendem Rühren erhitzen, bis ein goldgelber Karamell entstanden ist. Mit etwas Zitronensaft ablöschen und den Karamell noch einige Minuten erhitzen, bis er etwas dunkler ist. 25 g kalte Butter und danach den Honig einrühren. Den Karamell vorsichtig in das Backblech gießen. Rote-Bete- und Apfelstücke dazugeben und vorsichtig durchmischen, bis sie rundum mit Karamell überzogen sind. Den Belag eventuell mit Farinzucker bestreuen. Den Teig nach Packungsanweisung ausrollen und den Belag damit bedecken. Rundherum einen kleinen Rand formen und über den Rand des Backblechs hängen lassen.

Die Tarte 30–35 Min. backen. 10 Min. abkühlen lassen und dann stürzen.

Eingelegte Rote Bete

Ergibt etwa 8 Schraubgläser à 300 ml Fassungsvermögen
Zubereitung und Kochzeit: 1 Std. 45 Min.

Zutaten

2 kg junge Rote Beten (z.B. Detroit) mit Kraut
200 g weiße Zwiebeln
750 ml Branntweinessig
200 g Zucker
1 TL grobes Meersalz
6 Gewürznelken
1 TL Koriandersamen
1 TL Kardamomsamen
1 Zimtstange

Zubereitung

Das Betekraut bis 5 cm über der Knolle abschneiden. Die Knollen waschen, abbürsten und je nach Größe 45–60 Min. in Wasser bissfest garen. Die Roten Beten kurz im Kochwasser abkühlen lassen. 1,5 l Kochwasser abseihen und beiseitestellen. Die Knollen abtropfen lassen, schälen und das Fruchtfleisch in Scheiben oder Würfel schneiden.

Während die Roten Beten kochen, die Zwiebeln schälen. Kleine Zwiebeln ganz lassen, große hacken. Schraubgläser und Deckel mit kochend heißem Wasser ausspülen.

Das abgeseihte Kochwasser mit Essig, Zucker und Salz verrühren. Gewürznelken, Koriander und Kardamom in ein Musselinsäckchen füllen. Gemeinsam mit der Zimtstange 15 Min. in der Flüssigkeit ziehen lassen. Den Sud anschließend aufkochen lassen. Rote Bete sowie Zwiebeln hineingeben und 5 Min. köcheln lassen. Das Kräutersäckchen und die Zimtstange herausnehmen und die Rote Bete in die vorbereiteten Gläser füllen.

Warmer Salat aus dreierlei Wurzelgemüse

Für 6 Personen
Zubereitung und Kochzeit: 40–60 Min.

Zutaten

3 mittelgroße Rote Beten (z.B. Tonda di Chioggia)
3 Karotten (z.B. Ochsenherz oder Chantenay-Karotten)
3 Pastinaken
Zitronensaft
1 Knoblauchzehe
100 ml Öl, 50 ml Essig
1 TL Dijon-Senf
Salz
frische Petersilie, gehackt
Pfeffer aus der Mühle

Zubereitung

Die Roten Beten mit kaltem Wasser bedecken, aufkochen und gute 20 Min. köcheln lassen, bis sie weich sind. Anschließend abgießen und abkühlen lassen.

Die Karotten schälen, würfeln und 8 Min. in Salzwasser kochen. Die Pastinaken schälen, in Würfel schneiden und 5 Min. in Salzwasser mit etwas Zitronensaft kochen. Das Gemüse anschließend abgießen und abtropfen lassen. Knoblauch schälen und fein hacken.

Öl, Essig, Senf und Salz zu einer Vinaigrette verrühren. Den Knoblauch untermischen.

Die Roten Beten schälen und in Würfel schneiden. Mit Vinaigrette begießen, gut durchmischen und in der Mitte einer Servierplatte anrichten. Karotten und Pastinaken vermengen, um die Rote Bete verteilen und mit Vinaigrette beträufeln. Den Salat mit Petersilie bestreuen, mit frisch gemahlenem Pfeffer würzen und nach Belieben zu gegrillten Schweinekoteletts servieren.

Pikante Gemüsechips

Zutaten

Pastinaken
blaue französische Trüffelkartoffeln (Vitelottes)
Karotten (z.B. gelbe Doubs-Karotten oder violette Karotten)
Rote Bete (z.B. Crapaudine)
Wurzelpetersilie
schwarzer Rettich
Mairüben
Sonnenblumenöl
Salz, Piment d'Espelette* (Chiligewürz)

Zubereitung

Das Gemüse waschen, schälen und mit einem Gemüsehobel oder einem Küchenmesser in hauchdünne Scheiben schneiden.

Reichlich Öl in einer Fritteuse oder einem Topf auf 190 °C erhitzen. Die Gemüsescheiben darin nach Sorten getrennt portionsweise frittieren. Auf Küchenpapier abtropfen und gut trocknen lassen.

Besonders knusprig werden die Chips, wenn man sie vor dem Servieren noch einmal in frischem Öl frittiert.

Die Chips in einer großen Schüssel mischen. Kräftig mit Salz und Piment d'Espelette würzen.

Die Speiserübe

Brassica rapa var. rapa
Familie der Kreuzblütengewächse (Brassicaceae)

Die Rübe aus Pardailhan

Wird seit dem Mittelalter in der gleichnamigen Gemeinde in der französischen Region Languedoc kultiviert. Bereits 1813 wurde sie in einem Reiseführer gerühmt. 1993 verhalf ihr die *Association Lou Nap del Pardailha* zu einer Renaissance. Unter der schwarzen Schale verbirgt sich ein weißes, im Geschmack an Pinienkerne erinnerndes Fruchtfleisch, das köstlich schmeckt, wenn man es einfach nur in Olivenöl brät.

Eine abgeflachte Kugel, ein kleiner, aus der Erde geborener Planet … Am besten sollen die Rüben mit nur wenigen feinen Seitenwurzeln sein. Dann verwandelt sich das Aschenputtel unter den Gemüsen in eine Prinzessin!

Das Wort Rübe ist vom lateinischen *rapa* abgeleitet, auf das übrigens auch die Bezeichnung Ravioli zurückgeht, da die Teigtaschen ursprünglich mit Rüben gefüllt wurden.

VERGESSEN – WIEDERENTDECKT Wie ihre Verwandte, die Steck- oder Kohlrübe, hatte auch die Speiserübe ein Imageproblem. Sie galt lange Zeit als Armeleuteessen und diente obendrein vorrangig als Viehfutter. Seit der Wiederentdeckung einiger ganz vorzüglicher alter Sorten genießt die Speiserübe wieder einen besseren Ruf.

HERKUNFT Die Speiserübe war ursprünglich im europäischen Mittelmeerraum beheimatet und wurde vielfach mit Raps, Schwarzem Senf und sogar mit Kohl gekreuzt. Sie ist seit der Antike bekannt und wird in Indien seit vielen tausend Jahren kultiviert. Die Speiserübe galt lange als »das Fleisch der Armen« und war, bis die Kartoffel in Erscheinung trat, das meistgegessene Gemüse in Europa. In Großbritannien war sie zu allen Zeiten populär, in Schottland gilt sie sogar als »Nationalgemüse«.

ANBAU Aussaat ist von April bis November. Speiserüben bevorzugen humusreiche, gut durchlüftete und tiefgründige Böden. Eine gute Bewässerung im Sommer verhindert, dass das Gemüse faserig wird. Erntezeit ist von März bis Oktober.

LAGERUNG An einem dunklen, kühlen Ort oder im Gemüsefach des Kühlschranks halten sich Speiserüben 2–3 Wochen. Man kann sie aber auch in Sand eingraben. Frische Speiserüben werden ganzjährig angeboten, die besten gibt es von März bis Oktober. Beim Einkauf sollte man darauf achten, dass die Rüben nicht zu groß sind (man findet gelegentlich Exemplare mit einer Länge von 35 cm), denn diese sind häufig holzig. Die Schale sollte glatt und das Fruchtfleisch fest sein. Das frische Kraut im Kühlschrank aufbewahren.

SORTEN Plinius der Ältere kannte sechs Rübensorten. Im 19. Jahrhundert gelang den Gemüsegärtnern die Züchtung einer ganzen Vielzahl weißer, violetter, grauer, gelber und schwarzer Sorten, von denen heute eigentlich nur noch zwei – die lange weiße und die runde mit dem violetten Kopf – den Markt beherrschen. Von den alten Kultivaren, die man heute noch findet, seien vor allem die gelbe Boule d'Or, die lange Schwarze aus Caluire, die halblange Weiße aus Croissy, die weiße Mailänder Rübe sowie die weiße rotköpfige Mailänder Rübe, die rotköpfige Mairübe und das Teltower Rübchen genannt.

VERWENDUNG Die Speiserübe wird gerne mit anderem Gemüse gemischt oder für Eintöpfe verwendet. Man kann sie dämpfen, schmoren, in Wasser garen und karamellisieren. Große Rüben eignen sich auch zum Füllen. Sie ist eine beliebte Beilage zu Ente oder Lammfleisch. Aus dem Kraut lassen sich gute Suppen herstellen, man kann es auch wie Spinat zubereiten.

ERNÄHRUNGSPHYSIOLOGISCHE EIGENSCHAFTEN Speiserüben sind kalorienarm, reich an Ballaststoffen, Kalium, Calcium, Eisen, Zink und Kupfer und außerdem gute Vitamin-C- und Jod-Lieferanten. Die in den Rüben enthaltenen Senföle wirken antibakteriell und sollen vor Krebserkrankungen schützen; sie sind allerdings schwer verdaulich – dem lässt sich abhelfen, indem man die Rüben vor dem Kochen blanchiert.

Die halblange weiße Rübe aus Croissy

Absolute Frühsorte, die von allen weißen Rüben am schnellsten zur Reife und damit auf unsere Märkte gelangt. Zu erkennen ist diese Rübe, die in der Umgebung von Paris (Croissy-sur-Seine liegt in der Nähe von Saint-Germain-en-Laye) kultiviert wird, an ihrer – bis zu 30 cm – langen, dünnen Wurzel, ihrer weißen Schale und ihrem festen, süßlichen Fruchtfleisch. Aussaat (flächig oder in Reihe) ab Ende März; Ernte ab Juni.

Die weiße Mailänder Rübe

Wie der Name schon vermuten lässt, kommt diese robuste Sorte mit den ungeteilten länglichen Blättern und der abgeplatteten Knolle, genau wie ihre rotköpfige Verwandte, aus der Lombardei. Die glatte Schale ist in der Regel weiß, mitunter leicht rosa angehaucht. Das zarte, perlmuttartige Fruchtfleisch hat einen süßlichen Geschmack und ist reich an Mineralstoffen. Das Kraut schmeckt vorzüglich, wenn man es wie Spinat zubereitet. Aussaat von Juni bis September; Ernte von September bis Januar.

Die Red Round

Ein Teil der Vorfahren dieser kleinen ovalen Rübe mit der scharlach- oder karminroten Schale und dem weißen, knackigen Fruchtfleisch stammt aus China und Japan. Die Blätter sind ebenfalls rötlich angehaucht. Diese Frühsorte eignet sich besonders gut für Salate. Sie bevorzugt gut durchlüftete Böden und ein kühles Klima. Aussaat ab März; Ernte ab Juni.

Das Teltower Rübchen

Stammt aus der Gegend um das brandenburgische Teltow.
Schon Goethe hat seine Vorzüge besungen. Mit brandenburgischen
Auswanderern gelangte es bis nach Alaska. Die Blätter sind lang
und kräftig, die Wurzel ist relativ klein, die Schale beige und das
feine, knackige und süßliche Fruchtfleisch zartgelb. Das Teltower
Rübchen wird sowohl als Früh- wie auch als Wintergemüse
angebaut.

Die Boule d'Or

Das feine, knackige Fruchtfleisch dieser französischen Speiserübe
ist ungewöhnlich süß. Ob roh oder gekocht – die Boule d'Or ist
immer eine Delikatesse. Unter der leuchtend goldgelben Schale der
runden, mitunter auch leicht ovalen Knolle, verbirgt sich ein
ebenso herrlich goldgelbes Fruchtfleisch. Die Blattstiele sind weiß.
Vielleicht dachte der römische Dichter Martial an sie, als er in
seinem Loblied auf die Speiserübe schrieb: »Davon isst Romulus
am Tisch der Götter.«

Auflauf von Teltower Rübchen und violetten Karotten

Für 4 Personen
Zubereitung und Kochzeit: 1 Std.

Zutaten

1 kg Teltower Rübchen
1 kg violette Karotten (z.B. Purple Haze)
2 Eier, 1 Eigelb
200 g Sahne
100 ml Milch
1 Msp. geriebene Muskatnuss
Salz, Pfeffer
15 g Butter
glatte Petersilie, fein gehackt

Zubereitung

Den Backofen auf 200 °C vorheizen.
Rübchen und Karotten schälen und schräg in Scheiben schneiden. Jeweils in etwa 20 Min. in Salzwasser weich garen. Kalt abschrecken und abtropfen lassen.
Die Eier über einer Schüssel aufschlagen. Das Eigelb hinzufügen und das Ganze kräftig mit einem Schneebesen verrühren. Sahne, Milch und Muskat unterrühren. Mit Salz und Pfeffer würzen.
Eine Auflaufform mit Butter einfetten und das Gemüse abwechselnd hineinschichten. Die Eiersahne darübergießen und den Auflauf 30 Min. im Backofen garen. Vor dem Servieren mit Petersilie bestreuen.

Gedämpfte weiße Rüben, Knollenziest und Schwarzwurzeln

Für 6 Personen
Zubereitung und Kochzeit: 50 Min.

Zutaten

400 g kleine weiße Rüben (z.B. weiße Mailänder Rüben)
400 g Knollenziest
grobes Meersalz
400 g Schwarzwurzeln
Zitronensaft
Salz, Pfeffer
Butter oder Olivenöl

Zubereitung

Die weißen Rüben schälen. Den Knollenziest in einem Geschirrtuch mit grobem Meersalz abrubbeln. Die Schwarzwurzeln schälen, in etwa 3 cm lange Stücke schneiden und in Zitronenwasser legen. Vor dem Garen abgießen und abspülen.
Rüben und Schwarzwurzeln in einen Dämpfkorb legen und 15–20 Min. dämpfen. Den Knollenziest dazugeben und das Gemüse weitere 13 Min. garen.
Anschließend abtropfen lassen und mit Salz und Pfeffer würzen. Mit etwas Butter oder Olivenöl verfeinern.
Dazu passt ein Chutney aus grünen Mangos und Tomaten.

Weiße Rüben mit Gewürzen und Honig

Für 4 Personen
Zubereitung und Kochzeit: 50 Min.

Zutaten

4 weiße Rüben (z.B. Rüben aus Pardailhan)
4 kleine Stangen Lauch
2 Zwiebeln
2 Knoblauchzehen
2 Msp. gemahlener Kreuzkümmel
1 Msp. Safran, 1 Msp. Zimt
2 Msp. Currypulver
Butter
Salz, Pfeffer
150 ml Gemüse- oder Hühnerbrühe
1–2 EL flüssiger Honig
Balsamico-Essig

Zubereitung

Die Rüben schälen und in etwa 4 mm dicke Scheiben schneiden. Die grünen Teile der Lauchstangen abschneiden. Die weißen Schäfte der Länge nach halbieren, gründlich waschen und in 4 cm lange Stücke schneiden. Die Zwiebeln schälen und in relativ breite Ringe schneiden. Den Knoblauch mitsamt der Schale zerdrücken. Die Gewürze mischen.
Butter in einem Wok oder einer großen Pfanne erhitzen und das Gemüse darin 7–8 Min. bei starker Hitze anbraten. Mit der Gewürzmischung bestreuen und einige Minuten weiterbraten, bis die Gewürze ihr Aroma entfalten. Den Knoblauch hinzufügen und mit Salz und Pfeffer würzen. Gemüse- oder Hühnerbrühe angießen und das Ganze aufkochen lassen. Den Deckel auflegen und das Gemüse 15 Min. bei mittlerer Hitze garen.
Den Honig zufügen und das Gemüse einige Minuten bei starker Hitze wenden, bis es vollständig von Honig überzogen ist.
Mit 1 Schuss Balsamico-Essig abschmecken, nochmals umrühren und dann servieren.

Fischfilet mit Wurzelgemüse in Pergament gegart

Für 4 Personen
Zubereitung und Kochzeit: 35 Min.

Zutaten

2 große oder 4 kleine Speiserüben (z.B. Boule d'Or oder halblange weiße Rüben aus Croissy)
2 Petersilienwurzeln
2 Karotten (z.B. Chantenay)
4 Frühlingszwiebeln oder rosa Schalotten
Salz, Pfeffer
4 Zweige Bohnenkraut oder Thymian
4 Fischfilets (z.B. Lachs, Drachenkopf, Kabeljau, Wolfsbarsch, Seelachs)
Saft von 1 Zitrone
Olivenöl

Zubereitung

Den Backofen auf 200 °C vorheizen.
Das Gemüse waschen, schälen, fein würfeln und 2 Min. in kochendem Salzwasser blanchieren. Frühlingszwiebeln oder Schalotten schälen und der Länge nach vierteln.
12 Bögen Pergamentpapier bereithalten. Jeweils 3 übereinanderlegen, in der Mitte mit Salz und Pfeffer bestreuen. Jeweils 1 Zweig Bohnenkraut oder Thymian und 1 Fischfilet darauflegen und mit dem Gemüse bedecken. Mit Zitronensaft begießen, mit Salz und Pfeffer würzen und großzügig mit Olivenöl beträufeln.
Die 4 Pergamentpapierlagen zu Päckchen verschließen, eventuell oben mit Küchengarn zusammenbinden. Das Ganze je nach Dicke der Fischfilets 10–15 Min. auf der untersten Schiene des Backofens garen. Vor dem Servieren 5 Min. ruhen lassen.
Variation: Das Olivenöl durch je 1 EL Crème fraîche ersetzen und den Fisch mit etwas Weißwein, in dem Sie ½ Gemüsebrühwürfel aufgelöst haben, übergießen (in diesem Fall nur sparsam salzen).

Ente mit Honig und Rüben

(auf dem Foto links)
Für 4 Personen
Zubereitung und Kochzeit: 1 Std. 30 Min.

Zutaten

1 küchenfertige Ente (ca. 800 g)
1 kg gelbfleischige Rüben (z.B. Boule d'Or)
Salz, Pfeffer
flüssiger Honig oder Ahornsirup
Zitronensaft oder Balsamico-Essig

Zubereitung

Den Backofen auf 220 °C vorheizen.
Die Ente innen und außen waschen, sorgfältig
trockentupfen. Die Rüben schälen und in mittelgroße Stücke schneiden.
Die Haut der Ente mehrfach einschneiden. In
einen Bräter legen, mit Salz und Pfeffer würzen
und 15 Min. im Backofen garen. Die Ente
während des Bratens immer wieder mit aus-
tretendem Fett begießen (ist sie nicht besonders
fett, die Haut mit Enten- oder Gänsefett bestreichen; ist sie zu fett, etwas Fett abschöpfen).
Die Rüben dazugeben, sparsam mit Salz und
Pfeffer würzen und im Entenfett wenden, bis sie
damit überzogen sind. Honig oder Ahornsirup
über die Ente und das Gemüse träufeln und das
Ganze 35–40 Min. im Backofen garen. Das
Geflügel und die Rüben während des Bratens
laufend begießen.
Sobald die Ente gar und die Rüben karamellisiert
sind, das Geflügel herausnehmen und tranchie-
ren. Die Sauce mit etwas Zitronensaft oder
Balsamico-Essig ablöschen und leicht einkochen
lassen.
Ententeile und Rüben auf einer Servierplatte
anrichten. Die Sauce getrennt dazu reichen.
*Um die Garzeit der Rüben etwas zu verkürzen
und sie nicht zu klein schneiden zu müssen, das
Gemüse vor dem Garen 5 Min. in kochendem
Salzwasser blanchieren.*

Weiße Rüben mit Lauch auf orientalische Art

(auf dem Foto rechts)
Für 6 Personen
Zubereitung und Kochzeit: 35 Min.

Zutaten

3 weiße Rüben (z.B. Red Round)
4 Stangen Lauch
2 große gelbe Zwiebeln
3 Knoblauchzehen
Butter
1 Msp. gemahlener Kreuzkümmel
1 Msp. Zimt
1 Msp. Currypulver
1 Msp. Safranpulver
1 EL mittelscharfer Senf
Salz, Pfeffer
200 ml Gemüsebrühe

Zubereitung

Die Rüben schälen, vierteln und in ½ cm dicke Scheiben schneiden. Den Lauch putzen und gründlich waschen. Die grünen Teile entfernen und die weißen Schäfte in 2–3 cm lange Stücke schneiden. Die Zwiebeln schälen und grob hacken. Die ungeschälten Knoblauchzehen rundherum mit einem spitzen Messer einstechen.
Butter in einem Wok oder einer großen Pfanne erhitzen und das Gemüse 5 Min. darin anschwitzen. Die Gewürze hinzufügen und umrühren. Den Senf unterrühren und mit Salz und Pfeffer würzen.
Die Gemüsebrühe angießen und einmal aufkochen lassen. Den Deckel auflegen und das Gemüse 30 Min. bei geringer Hitze köcheln lassen.

Wachtel-Tajine mit Teltower Rübchen und Wintergemüse

Für 4 Personen
Zubereitung und Kochzeit: 1 Std. 20 Min.

Zutaten

60 g Rosinen
1 TL Orangenblütenwasser
2 Teltower Rübchen
1 Hokkaidokürbis (800 g)
2 violette Karotten
2 vollreife Tomaten
2 milde Zwiebeln
Olivenöl
8 Wachteln
1 Knoblauchzehe
2 Msp. Safran
1 Msp. gemahlener Ingwer
1 kleine Prise Zimt
frische Korianderblätter
Salz, Pfeffer
50 g Butter
1 EL Rosmarin-, Thymian- oder Lavendelhonig

Zubereitung

Die Rosinen in lauwarmem Wasser einweichen und das Orangenblütenwasser hinzufügen. Die Rüben schälen und in Stücke schneiden. Den Kürbis schälen, entkernen und das Fruchtfleisch in Würfel schneiden. Die Karotten waschen, schälen und in 3 cm lange Stücke schneiden. Die Tomaten enthäuten und grob zerkleinern. Die Zwiebeln schälen und hacken.
Olivenöl in einer Tajineform oder einem gusseisernen Schmortopf erhitzen und die Zwiebeln einige Minuten darin anschwitzen. Die Wachteln gemeinsam mit der ungeschälten, zerdrückten Knoblauchzehe zufügen und 5 Min. bei starker Hitze anbraten. Die Gewürze hinzugeben und so lange rühren, bis sie ihr Aroma entfalten. Etwas Wasser angießen. Karotten, Rüben sowie ein paar Korianderblätter dazugeben, mit Salz und Pfeffer würzen und umrühren. Den Deckel auflegen und das Ganze 30 Min. bei geringer Hitze köcheln lassen.
Kürbis, abgetropfte Rosinen, Butter und Honig hinzufügen. Den Deckel wieder auflegen und das Gericht weitere 15 Min. garen.
Sobald das Gemüse weich ist, noch einmal mit Salz und Pfeffer abschmecken. Die Sauce gegebenenfalls einige Minuten bei geöffnetem Topf

reduzieren, wenn sie nicht sämig genug ist. Die Tajine heiß in der Form oder im Schmortopf servieren.

Wurzelgemüse auf indische Art

Für 4 Personen
Zubereitung und Kochzeit: 50 Min.

Zutaten

2 Speiserüben (z.B. Boule d'Or)
4 violette Karotten (z.B. Purple Haze)
1 Pastinake
1 Steckrübe
1 rote Zwiebel
Butter
Currypulver
gemahlener Ingwer
geriebene Muskatnuss
Salz, Pfeffer

Zubereitung

Das Gemüse schälen, vierteln und in 2–3 mm dicke Scheiben schneiden. Die Zwiebel schälen und fein schneiden.
Butter in einer Sauteuse erhitzen und das Gemüse darin anschwitzen. Die Gewürze, Salz und Pfeffer hinzufügen und das Ganze einige Minuten unter Rühren erhitzen, bis die

Gewürze ihr Aroma entfalten. Den Deckel auflegen und das Gemüse 30 Min. dünsten.
Das Gericht noch mit anderem Wurzelgemüse, z.B. Petersilienwurzel, Topinambur (vorher 3 Min. blanchieren), Knollensellerie oder Kartoffeln anreichern.

Gebratenes Wurzelgemüse mit Kürbis

Für 10 Personen
Zubereitung und Kochzeit: 1 Std.

Zutaten

2 Speiserüben (z.B. rotköpfige Mailänder Rüben)
6 gelbe Karotten (z.B. Jaune du Doubs)
2 Steckrüben
2 Pastinaken
1 Butternusskürbis
2 rote Zwiebeln
2 Süßkartoffeln
Olivenöl
1 EL Balsamico-Essig
Salz, Pfeffer
1 EL flüssiger Honig
frische Rosmarinnadeln

Zubereitung

Den Backofen auf 220 °C vorheizen.
Das Gemüse waschen, schälen und in 2 cm dicke Scheiben schneiden. Den Kürbis vor dem Kleinschneiden entkernen. Die Zwiebeln schälen und in Ringe schneiden.
Eine große feuerfeste Form großzügig mit Olivenöl einfetten. Die Zwiebelringe darin verteilen. Das restliche Gemüse darüberschichten.
2 EL Olivenöl mit Balsamico-Essig, Salz, Pfeffer und Honig verrühren.
Das Gemüse damit beträufeln, mit Rosmarin bestreuen und 35 Min. auf der mittleren Schiene des Backofens garen. Dabei gelegentlich umrühren und prüfen, ob das Gemüse bereits weich ist. Vor dem Servieren nach Belieben noch 1 EL Balsamico-Essig unterrühren.

Die Karotte

Daucus carota var. *sativus*
Familie der Doldenblütler (Apiaceae)

Die Pariser Karotte

Die Pariser Karotte ist eine besonders früh reifende und schmackhafte Babykarotte. In der Form erinnert die rundlich ovale Wurzel (3–4 cm Durchmesser) an ein großes Radieschen. Pariser Karotten müssen vor dem Verzehr nicht geschält werden. Das süße Fruchtfleisch schmeckt ein klein wenig nach Honig. Aussaat und Ernte fast ganzjährig. Pariser Karotten werden bundweise angeboten.

Karotten sind keineswegs immer orange, sie können auch weiß oder rot, ja sogar violett sein.

Die Karotte wird auch Möhre, Mohrrübe oder Gelbe Rübe genannt. In der Antike hieß sie »siser«, »daucus« (daher auch der wissenschaftliche Name *Daucus carota*), »carota«, »gingidion« oder »pastinaca«. Letztere wurde lange Zeit mit der Karotte verwechselt.

VERGESSEN – WIEDERENTDECKT Lange standen die weißen, gelben, orangefarbenen, roten und violetten Wurzeln im Schatten der Pastinake, bis sie schließlich die Märkte eroberten. Dann gab allerdings die orange Karotte den Ton an. Doch ihre Vorherrschaft geht nun allmählich zu Ende.

HERKUNFT Die Karotte wie wir sie heute kennen ist aus zahlreichen Kreuzungen mit zwei Wildformen hervorgegangen – der in Zentralasien beheimateten Daucus carota var. atrorubens und der im westlichen Eurasien beheimateten Daucus carota var. sativus. Die Pfahlwurzeln der ersten Gruppe weisen eine gelbe bis schwarzrote Färbung auf, bei der zweiten reicht das Spektrum von weiß bis orange. Die Farbe ist abhängig von der Konzentration der Pflanzenfarbstoffe (Carotine, Anthocyane, Flavonoide) im Fruchtfleisch. Griechen und Römer schätzten die Karotten vor allem wegen ihrer Heilkraft. Bis zur Renaissance hatte sie eine gelbliche Farbe, und ihr Fruchtfleisch war zäh und holzig. Durch Selektion und Hybridisierung verbesserten sich ihr Geschmack und ihre Textur. Die heute dominierende orange Farbe bekam das Gemüse Mitte des 19. Jahrhunderts.

ANBAU Aussaat von März bis Juli direkt ins Freiland; Ernte von Juli bis November.

LAGERUNG Achten Sie beim Einkauf darauf, dass die Wurzeln fest sind und eine leuchtende Farbe haben. Im Gemüsefach des Kühlschranks können Karotten bis zu 3 Wochen aufbewahrt werden. Oder man lagert sie im Keller oder an einem feuchten, dunklen und gut durchlüfteten Ort. Karotten nicht neben Birnen, Äpfeln oder Kartoffeln aufbewahren, sie werden sonst bitter. Die – ungewaschenen – Wurzeln können auch in Sand eingegraben werden. Sie sind so bis zu 6 Monate haltbar. Karotten müssen vor dem Einfrieren blanchiert werden.

SORTEN Einige Kulturformen sind bereits seit dem 16. Jahrhundert belegt. Zu den ältesten und schmackhaftesten Sorten zählen unter anderem die Lange Hoornse, eine rote Karotte aus Holland, die Lange Rote von Vilmorin, die Ochsenherz-Möhre, die Saint-Valery-Möhre, die violette Purple Dragon und die ebenfalls violette Purple Haze, die weiße Lunar White, die Sorte Carentan, die Chantenay Red Cored, die Weiße Küttinger, die rotfleischige Carotte de Colmar, die Touchon-Möhre, die gelbe Jaune du Doubs, die Pariser Karotte, die Nantaise-Möhre, die Longue Lisse de Meaux oder die Rothild-Möhre.

VERWENDUNG Karotten können roh als Salat zubereitet oder in Essig eingelegt werden, und man kann daraus einen leckeren Kuchen backen. Gekocht serviert man sie in Sahnesauce, als Mischgemüse, als Püree, glasiert oder einfach in Butter geschwenkt. Oder man verwendet sie für Suppen, Eintöpfe und Ragouts, Quiches, Soufflés und Omeletts. Aus dem Kraut lassen sich vorzügliche Suppen herstellen, zudem eignet es sich zum Verfeinern von Saucen.

ERNÄHRUNGSPHYSIOLOGISCHE EIGENSCHAFTEN Karotten sind reich an Vitamin A, C und B6 sowie an Kalium, Magnesium, Thiamin und Folsäure. Sie wirken harntreibend, remineralisierend, tonisierend und blutbildend. Gekochte Karotten sind ein probates Mittel gegen Durchfall. Und sie stärken die Sehkraft.

Purple Haze

Eine relativ neue Züchtung ist diese aus verschiedenen alten, robusten Varietäten hervorgegangene Karotte mit violetter Schale, dunkelrotem Fruchtfleisch und leuchtend orangem »Kern«. Die kräftige, zylindrische Wurzel kann bis zu 18 cm lang werden. Mit der Aussaat dieser zarten, schmackhaften Frühsorte sollte bereits mit Beginn des Frühjahrs begonnen werden.

Jaune du Doubs

Diese alte französische Sorte existiert bereits seit dem 16. Jahrhundert. Die gelbe spindelförmige Wurzel hat einen angenehm süßlichen Geschmack und zeichnet sich durch eine sehr gute Lagerfähigkeit aus. Eine Wiederentdeckung, die man unbedingt probieren sollte!

Weiße Küttinger

Diese weiße Karotte, eine sehr alte Schweizer Sorte, ist besonders fein im Geschmack. Unter der fast reinweißen Schale verbirgt sich ein festes, süßliches, milchig weißes Fruchtfleisch. Auch wenn sie ein bisschen blass aussieht, zeichnet sich diese mittelspäte Sorte durch Robustheit und schnelles Wachstum aus.

Lunar White

Die lange, meist cremeweiße Karotte mit den grünen »Schultern« und dem angenehmen, süßlichen Geschmack erfreut sich heute wieder wachsender Beliebtheit. Die Aussaat dieser mittelspäten Sorte erfolgt im Frühjahr (in Reihe); Erntezeit ist im Sommer.

Frühsorte Luc

Diese alte französische Frühsorte wird heute vor allem in der Gegend um Bordeaux angebaut. Die dicke, konische bis konisch-zylindrische Wurzel mit der leuchtend orangeroten Farbe schmeckt roh ebenso vorzüglich wie gekocht, als Püree oder in Suppen und Eintöpfen.

Karottencremesuppe mit Pastinakenchips

Für 6 Personen
Zubereitung und Kochzeit: 1 Std.

Zutaten

1 Stange Lauch
1 Bund gelbe Karotten (z.B. Jaune du Doubs)
170 g Kartoffeln
1 große Pastinake
2 Zwiebeln
1 EL Butter
1,5 l Hühnerbrühe
2–3 Thymianzweige
1 Lorbeerblatt
Salz, Pfeffer
6 EL Olivenöl extra vergine
150 g Ziegenschnittkäse

Zubereitung

Den Lauch putzen, waschen und in Ringe schneiden. Karotten, Kartoffeln, Pastinake und Zwiebeln schälen. Alle Gemüse bis auf die Pastinake klein schneiden.
Butter in einer Kasserolle erhitzen. Lauch und Zwiebeln darin bei mittlerer Hitze glasig schwitzen. Die Brühe angießen. Kartoffeln, Karotten, Thymian und Lorbeerblatt zufügen. Das Ganze mit 1 großzügigen Prise Salz würzen. Den Deckel auflegen und das Gemüse etwa 40 Min. köcheln lassen.
Inzwischen die Pastinakenchips zubereiten. Die Pastinake auf einem Gemüsehobel in hauchdünne Scheiben hobeln. Das Olivenöl in einer Pfanne erhitzen. Die Pastinakenscheiben darin portionsweise goldgelb frittieren und anschließend auf Küchenpapier abtropfen lassen.
Den Ziegenkäse in dünne Scheiben schneiden. Unter das Gemüse rühren, sobald es weich ist. Den Topfinhalt pürieren. Die Suppe noch einmal erhitzen, mit Salz und Pfeffer abschmecken. Die Pastinakenchips dazu reichen.
Nehmen Sie einen Ziegenkäse, der gut schmilzt, ohne dabei seinen Geschmack einzubüßen. Sie können ihn auch durch Sahne ersetzen.

Karamellisierte Karotten und Pastinaken

(auf dem Foto rechts)
Für 4 Personen
Zubereitung und Kochzeit: 30 Min.

Zutaten

3 violette Karotten (z.B. Purple Haze)
3 Pastinaken
2 EL Butter
1 EL Rosmarinhonig
Salz, Pfeffer
1 EL Schnittlauchröllchen

Zubereitung

Karotten und Pastinaken schälen und in 2–3 mm dicke Scheiben schneiden.
Das Gemüse separat weich dünsten oder dämpfen, abgießen und abtropfen lassen.
Die Butter in einer Sauteuse erhitzen und das Gemüse kurz darin anbraten. Mit dem Honig beträufeln und so lange unter Rühren erhitzen, bis es leicht karamellisiert ist. Mit Salz und Pfeffer abschmecken. Vor dem Servieren mit Schnittlauchröllchen bestreuen.
Das Gemüse am Ende der Garzeit nach Belieben noch mit etwas Balsamico-Essig ablöschen.

Karottensalat mit Äpfeln und Rosinen

Für 4 Personen
Zubereitung: 30 Min.

Zutaten

1 Bund Pariser Karotten
2 Chicoréestauden
2–3 knackige, säuerliche Äpfel
(z.B. Granny Smith oder Renette)
Saft von 1 Zitrone
4–5 EL Olivenöl
Salz, Pfeffer
1 Orange
1 Handvoll Rosinen (vorzugsweise Sultaninen)
glatte Petersilie, gehackt

Zubereitung

Die Karotten schälen, waschen und in feine Scheiben hobeln oder schneiden. In eine Schüssel geben. Die Strünke der Chicoréestauden keilförmig herausschneiden. Die Sprossen der Länge nach halbieren, die Blätter ablösen, waschen, trocken tupfen und zu den Karotten geben.
Die Äpfel schälen, halbieren, die Kerngehäuse entfernen und das Fruchtfleisch mit einem Gemüsehobel in dünne Scheiben hobeln. Zum Gemüse geben und die Zutaten durchmischen. Zitronensaft und Olivenöl mit etwas Salz und Pfeffer verrühren, über den Salat gießen und diesen durchmischen.
Die Orange dick abschälen und mit einem scharfen Messer filetieren. Orangenfilets und Rosinen auf dem Salat verteilen. Vor dem Servieren mit gehackter Petersilie bestreuen.

Bunte Karottenpfanne

Für 6 Personen
Zubereitung und Kochzeit: 1 Std.

Zutaten

(je nach Größe der Karotten)
3 violette Karotten (z.B. Purple Dragon)
3 gelbe Karotten (z.B. Jaune du Doubs)
3 rote Karotten (z.B. Chantenay)
3 orangefarbene Karotten (z.B. Saint-Valery)
3 weiße Karotten (z.B. Weiße Küttinger)
3 violette Karotten (z.B. Purple Haze)
2 milde Zwiebeln
Butter
Balsamico-Essig
Zitronenthymian
glatte Petersilie, gehackt

Zubereitung

Die Karotten unter fließendem kaltem Wasser schälen. Der Länge nach halbieren und so in einem Dämpfeinsatz verteilen, dass sie sich nicht berühren. Die Karotten 20–30 Min. dämpfen. Eventuell portionsweise garen.
Die Zwiebeln schälen und fein schneiden. In einer Pfanne in etwas Butter anschwitzen und mit Balsamico-Essig ablöschen.
Butter in einer großen Pfanne erhitzen. Die Karotten darin unter ständigem Wenden einige Minuten andünsten. Den Thymian dazugeben, mit Salz und Pfeffer abschmecken, mit den Zwiebeln bedecken und mit gehackter Petersilie bestreuen.
Wie viele verschiedene Karottensorten Sie nehmen, bleibt ganz Ihnen überlassen. Wer mag, kann noch etwas Knoblauch hinzufügen.

Rezepte

Bunter Salat aus gelben Karotten und Wurzelpetersilie

Für 4 Personen
Zubereitung: 20 Min.

Zutaten

2 gelbe Karotten (z.B. Jaune du Doubs)
4–5 Petersilienwurzeln
2 kleine Stangen Sellerie
6 Radieschen
Olivenöl
Cidre-Essig
Salz, Pfeffer
glatte Petersilie
einige Borretschblüten

Zubereitung

Karotten und Petersilienwurzeln schälen und in 2 mm dicke Scheiben hobeln oder schneiden. Sellerie und Radieschen putzen, waschen und in Scheiben schneiden. Das Gemüse in einer Schüssel vermischen.
Aus Olivenöl, Cidre-Essig, Salz und Pfeffer eine Vinaigrette herstellen und den Salat damit marinieren.
Den Salat vor dem Servieren mit Petersilienblättern und Borretschblüten garnieren.

Rindfleischragout mit bunten Karotten

Für 6 Personen
Zubereitung und Kochzeit: 3 Std. 10 Min.

Zutaten

1 kg Rindfleisch aus der Schulter
3 gelbe Karotten (z.B. Jaune du Doubs)
3 weiße Karotten (z.B. Weiße Küttinger)
3 rotfleischige Karotten (z.B. Carottes de Colmar)
3 violette Karotten (z.B. Purple Haze)
2 große weiße Zwiebeln
4 EL Butter
Mehl
100 g durchwachsener Räucherspeck, gewürfelt
3 Gewürznelken
1 Kräutersträußchen
3 Knoblauchzehen
6 kleine Markknochen
Salz, Pfeffer

Zubereitung

Das Fleisch in 3 cm große Würfel schneiden. Die Karotten schälen und dritteln (große Karotten zusätzlich der Länge nach halbieren). Die Zwiebeln schälen und fein schneiden..
Butter in einem gusseisernen Schmortopf erhitzen und das Fleisch darin anbräunen. Sobald es Farbe annimmt, leicht mit Mehl bestäuben und umrühren. Den Speck hinzufügen, auslassen und erneut umrühren. Zwiebeln, Gewürznelken und Kräutersträußchen zufügen. Den Knoblauch mit einem spitzen Messer anstechen und zugeben. Das Ganze mit Wasser bedecken.
Aufkochen lassen, den Deckel auflegen und die Wärmezufuhr verringern. Das Fleisch 1 Std. 30 Min. unter gelegentlichem Rühren garen. Karotten, Markknochen und eventuell noch etwas Wasser hinzufügen. Mit Salz und Pfeffer würzen. Bei starker Hitze aufkochen und zugedeckt 1 Std. köcheln lassen. Markknochen und Knoblauch entfernen. Zum Ragout gekochte Kartoffeln oder Bandnudeln servieren.

Karottenkuchen

Für 6 Personen
Zubereitung und Backzeit: 1 Std. 10 Min.

Zutaten

250 g Karotten (z.B. Saint-Valery)
Saft und abgeriebene Schale von
1 unbehandelten Zitrone
300 g weiche Butter
150 g Farinzucker
4 Eier
1 Päckchen Vanillezucker
200 g Mehl
1 TL Backnatron
1 EL Backpulver
1 Msp. Zimt
1 Msp. 4-Gewürzepulver*
1 Prise Salz

Zubereitung

Den Backofen auf 180 °C vorheizen.
Die Karotten schälen, in eine große Schüssel reiben und mit etwas Zitronensaft beträufeln.
Butter und Zucker mit einem Handmixer cremig rühren. Die Eier einzeln unterrühren und zum Schluss den Vanillezucker und die Zitronenschale hinzufügen.
Das Mehl mit Backnatron, Backpulver und den Gewürzen vermischen. Über die Karotten sieben. Die Eiermischung dazugeben und das Ganze sorgfältig mit einem Spatel vermengen. Eine große Kastenform mit Backpapier auskleiden, den Teig einfüllen und etwa 50 Min. backen. Um die Garprobe zu machen, mit der Spitze eines Messers in die Mitte des Kuchens stechen (das Messer muss sauber bleiben).

Karottenbrot

Für 4 Personen
Zubereitung, Koch- und Backzeit: 1 Std. 15 Min.

Zutaten

250 g rotfleischige Karotten (z.B. Carottes de Colmar)
2 Zwiebeln
2 Knoblauchzehen
70 g gemahlene Mandeln
3 Eier, verquirlt
100 g Sahne
1 Msp. geriebene Muskatnuss
je 1 TL Estragon und Petersilie, frisch gehackt
Salz, Pfeffer
1 Eiweiß, steif geschlagen
Butter und Mehl für die Form

Zubereitung

Die Karotten waschen und in Scheiben schneiden. Zwiebeln und Knoblauch schälen und grob hacken. Das Gemüse dämpfen und anschließend im Mixer pürieren. Den Backofen auf 200 °C vorheizen.
Die Karottenmasse mit Mandeln, Eiern, Sahne, Muskat, Estragon, Petersilie, etwas Salz und Pfeffer vermengen. Den Eischnee vorsichtig mit einem Spatel unterziehen.
Eine Kastenform mit Butter einfetten und mit Mehl ausstäuben. Den Teig einfüllen, glattstreichen und 45–50 Min. backen. Um die Garprobe zu machen, mit der Spitze eines Messers in das Brot stechen (das Messer muss sauber bleiben). Das Brot leicht abkühlen lassen, dann aus der Form stürzen. Lauwarm oder kalt mit rohem Gemüse und Kräuterquark oder -joghurt servieren.
Für die Kräutersauce Quark oder Joghurt kräftig mit Salz, Pfeffer, gemischten, fein gehackten Kräutern und gehackter Schalotte verrühren.

Karotten-Confit

(auf dem Foto links)
Ergibt 4–5 Gläser mit einem
Fassungsvermögen von je 125 ml

Zutaten

1 kg Karotten (nach Möglichkeit 2–3 verschiedene Sorten; violette Karotten dürfen allerdings nicht mit anderen Sorten gemischt werden.)
Farinzucker

Zubereitung

Die Karotten waschen und schälen. In einem Kochtopf mit kochendem Zuckerwasser (1 Teil Zucker auf 2 Teile Wasser) bedecken.
Mit Drahtbügeln verschließbare Gläser mit kochend heißem Wasser ausspülen, umgedreht auf ein Geschirrtuch stellen und trocknen lassen.
Die Karotten so lange kochen lassen, bis die Flüssigkeit vollständig verdunstet ist. Das Confit anschließend in die Gläser füllen.
Das Karotten-Confit heiß oder kalt zu weißem Fleisch oder Pasteten servieren.

Der Romanesco

Brassica oleracea var. botrytis

Familie der Kreuzblütengewächse (Brassicaceae)

Romanesco

Die Farbpalette des Romanesco reicht von Weiß über Hellgrün bis zu einem dunkleren Grün an den Spitzen der »Röschen«. Man findet gelegentlich sogar Exemplare mit gelblichen oder fast violetten Nuancen. Dabei handelt es sich jedoch nicht um spezielle Zuchtformen, sondern lediglich um Pigmentveränderungen, die möglicherweise auf die Bodenbeschaffenheit zurückzuführen sind.

Der Romanesco ist nicht nur ein delikates Gemüse, durch seine Spiralen und die fraktale Struktur ist er auch eine hochinteressante und ausgesprochen reizvolle Pflanze.

Der Romanesco, den man mit Fug und Recht als die Krönung des Blumenkohls bezeichnen darf, ist überall auf der Welt nur unter seinem italienischen Namen bekannt.

VERGESSEN – WIEDERENTDECKT In Italien, woher diese alte Züchtung stammt – und die es vermutlich schon seit der Renaissance gibt –, ist der Romanesco nie aus den Gärten verschwunden. Wegen seiner Schönheit und seines feinen Geschmacks hat er auch den Rest der Welt erobert. In der Bretagne wird der Romanesco heutzutage in großem Stil angebaut. Es empfiehlt sich allerdings, einem Bioprodukt den Vorzug vor der Massenware zu geben.

HERKUNFT Von der Farbe her ähnelt der Romanesco dem Brokkoli (*Brassica oleracea var. italica*), von der Form her erinnert er mit seinem kompakten, aus spiralförmig angeordneten konischen Blütensprossen bestehenden Kopf dagegen an den Blumenkohl. Seine fraktale Struktur macht ihn zu einer außerordentlich dekorativen Pflanze. Hypertrophe Blütenstände wie die des Blumenkohls findet man bei Gemüse relativ selten.

ANBAU Die Aussaat erfolgt im Mai/Juni im Freiland. Geerntet werden kann im Oktober/November, bei Pflanzen, die im Juni ausgesät wurden, gelegentlich bis weit nach Allerseelen. Wie seine Verwandten, der Blumenkohl und der Brokkoli, verträgt auch der Romanesco keinen Frost.

LAGERUNG Beim Einkauf darauf achten, dass die Stiele knackig sind und der Kopf fest und geschlossen ist. Zeigen sich bereits Blütenknospen, deutet dies darauf hin, dass das Gemüse nicht frisch ist und bitter schmeckt. Im Gemüsefach des Kühlschranks hält sich der Romanesco eine gute Woche. Will man ihn einfrieren, muss er vorher 5 Minuten blanchiert und in Eiswasser abgeschreckt werden. Danach sollte man ihn gut trocknen lassen.

SORTEN Der essbare Blütenstand des Romanesco kann mehr oder weniger geschlossen und kompakt sein. Er ist in der Regel grün und weiß, mitunter mit gelben, rötlichen oder violetten Färbungen. Der Romanesco ist eine von vielen Kulturformen des Blumenkohls und kann deshalb in der Küche ohne Weiteres durch einen »echten« Blumenkohl oder Brokkoli ersetzt werden.

VERWENDUNG Wie beim Blumenkohl isst man auch beim Romanesco nur die Blütensprossen und die zarten Stiele, die im Allgemeinen vor dem Verzehr gekocht, gedämpft oder auch sautiert werden (z.B. im Wok mit Karotten und anderem »altem« Gemüse).

ERNÄHRUNGSPHYSIOLOGISCHE EIGENSCHAFTEN
Der Romanesco ist reich an Mineralstoffen und Vitamin C. Wie der Blumenkohl ist er ein ausgesprochen kalorienarmes Gemüse, besteht er doch zu 90 Prozent aus Wasser. Er enthält wertvolle Antioxidantien (Indole, Sulforaphane, Glutathion, Quercetin, Betacarotine etc.), die die schädlichen Zwischenprodukte des Stoffwechsels, die sogenannten freien Radikale, neutralisieren. Wie alle Kohlarten beugt er Krebserkrankungen, insbesondere Darmkrebs, vor.

Romanesco auf griechische Art

(auf dem Foto oben)
Für 6 Personen
Zubereitung und Kochzeit: 1 Std. 15 Min.

Zutaten

1 kleiner Romanesco
5 Topinamburknollen
20 Silberzwiebeln
1–2 Knoblauchzehen
250 g Champignons
1 Stange Sellerie
Olivenöl
500 ml trockener Weißwein
1 Kräutersträußchen
1 EL Tomatenmark
Salz, Pfeffer
1 Msp. geriebene Muskatnuss
1 große, vollreife Tomate
Zitronensaft
frische Korianderblätter

Zubereitung

Den Romanesco in Röschen zerteilen und waschen. Die Topinambur schälen und in dünne Scheiben schneiden. Zwiebeln und Knoblauch schälen. Die Pilze mit einem feuchten Tuch abreiben, große Exemplare vierteln. Den Sellerie waschen und fein schneiden.

Olivenöl in einer Sauteuse erhitzen. Zwiebeln und Knoblauch einige Minuten darin anschwitzen. Romanesco, Topinambur, Sellerie und Champignons dazugeben und weich dünsten. Den Wein und 500 ml Wasser angießen. Kräutersträußchen, Tomatenmark, etwas Salz, Pfeffer sowie Muskat hinzufügen und das Ganze etwa 20 Min. zugedeckt köcheln lassen. Die Tomate waschen und fein würfeln.

Das Gemüse abtropfen lassen und auf einer Servierplatte anrichten. Mit etwas Olivenöl und Zitronensaft beträufeln, mit Tomatenwürfeln und Korianderblättern garnieren. Vor dem Servieren mindestens 30 Min. abkühlen lassen.

Romanesco-Kartoffel-Gratin

Für 6 Personen
Zubereitung und Kochzeit: 55 Min.

Zutaten

1 Romanesco
300 g französische Trüffelkartoffeln (Vitelottes)
Sauce Mornay*
100 g durchwachsener Räucherspeck
100 g Greyerzer, frisch gerieben
Butter
Salz, Pfeffer

Zubereitung

Den Romanesco in Röschen zerteilen. Die Kartoffeln waschen.
Die Röschen 2 Min. in reichlich Salzwasser blanchieren (den Deckel dabei nicht auflegen). Die Kartoffeln in einen Topf mit kaltem Wasser geben. Einmal aufkochen lassen, dann bei mittlerer Hitze 10 Min. garen. Die Kartoffeln abgießen, schälen und in Scheiben schneiden.
Den Backofen auf 200 °C vorheizen.
Eine Sauce Mornay zubereiten (den Topf vom Herd nehmen, bevor Sie die Eigelbe und den Käse einrühren). Den Speck in Streifen schneiden und in einer Pfanne ausbraten.
Eine Gratinform mit Butter einfetten und nacheinander eine Schicht Sauce, eine Schicht Kartoffeln und eine Schicht Romanesco einfüllen. Die Speckstreifen darauf verteilen und mit etwas Pfeffer übermahlen. Das Gratin mit der restlichen Sauce überziehen, mit Käse bestreuen und 20 Min. im Ofen garen.

Knackiges Gemüse-Allerlei mit Walnusssauce

Für 4 Personen
Zubereitung und Kochzeit: 1 Std.

Zutaten

1 kleiner Romanesco
3 violette Karotten
1 Pastinake
200 g Kerbelrübe
2 Fenchelknollen
250 g Walnusskerne
2 Knoblauchzehen, geschält
100 g Sahne
Salz, Pfeffer
Zitronensaft
Olivenöl

Zubereitung

Den Romanesco in Röschen zerteilen und waschen. Die Karotten schälen, in 4 cm lange Stücke und danach in 3–4 mm breite Julienne-Streifen schneiden. Die Pastinake schälen und ebenfalls in Julienne-Streifen schneiden. Die Kerbelrübe schälen, halbieren oder vierteln. Den Fenchel putzen und je nach Größe vierteln oder achteln.
Die Nüsse mit dem Knoblauch im Mixer hacken. Mit der Sahne, etwas Salz und Pfeffer verrühren. Das Gemüse getrennt in kochendem Salzwasser garen: den Romanesco 4–5 Min. (in reichlich Wasser mit etwas Zitronensaft; bei geöffnetem Topf); die Karotten 10 Min.; die Pastinaken 6–7 Min., die Kerbelrübe 6 Min. und den Fenchel 10 Min. Anschließend abtropfen lassen, in einer Schüssel mischen, mit ein paar EL Olivenöl und etwas Zitronensaft beträufeln. Im 150 °C heißen Backofen warm halten.
Die Walnusssauce erhitzen, einige Minuten einkochen lassen und das Gemüse unmittelbar vor dem Servieren damit überziehen.

Romanesco-Spinat-Gratin

Für 6 Personen
Zubereitung und Kochzeit: 1 Std. 10 Min.

Zutaten

1 Romanesco
1 kg Spinat
500 g Kirschtomaten

1 Knoblauchzehe
60 g Butter
2 EL Mehl
500 ml Milch
1 Msp. geriebene Muskatnuss
Salz, Pfeffer
150 g Greyerzer, frisch gerieben
3 EL Crème fraîche épaisse*

Zubereitung

Den Romanesco in Röschen zerteilen und waschen. In kochendem Salzwasser 10 Min. garen. Mit einem Schaumlöffel herausheben und zur Seite stellen.
Den Backofen auf 200 °C vorheizen.
Den Spinat gründlich waschen und 5 Min. in 2 EL leicht gesalzenem Wasser dünsten. Abtropfen lassen und gut ausdrücken. Die Tomaten waschen.
Die Knoblauchzehe halbieren und eine Gratinform damit ausreiben. Zuerst den Spinat und dann den Romanesco einfüllen. Die Tomaten darüber verteilen.
Die Butter in einer Kasserolle zerlassen. Das Mehl darüberstäuben und einige Minuten anschwitzen, ohne dass es Farbe annimmt. Dabei laufend mit einem Schneebesen rühren. Die Milch angießen und die Sauce unter Rühren eindicken lassen. Mit Muskat, Salz und Pfeffer würzen. 2–3 Min. köcheln lassen. Die Hälfte des Käses und die Crème fraîche einrühren (die Sauce darf nicht zu dünnflüssig sein, da der Spinat eventuell noch etwas Wasser abgibt). Noch einmal abschmecken.
Das Gemüse mit der Sauce überziehen, mit dem restlichen Käse bestreuen und 30–35 Min. auf der mittleren Schiene des Backofens gratinieren.

Der Kohlrabi

Brassica oleracea var. *gongylodes*
Familie der Brassicaceae (Kreuzblütengewächse)

Weißer Kohlrabi

Die verschiedenen Kohlrabisorten sind nur schwer zu unterscheiden. Kultiviert werden im Wesentlichen zwei Gruppen: die weißen und die blauen Kohlrabi. Ob eine Knolle einen eher milden oder einen eher pikanten Geschmack hat, hängt davon ab, ob sie in geschützten Beeten oder im Freiland angebaut wurde. Erstere sind eher mild, letztere eher pikant. Kohlrabi sollte möglichst schon zu Beginn des Frühjahrs ausgesät werden.

Wie ein sonderbarer Komet mit grünen Haaren kommt sie daher, die dicke, abgeplattete Knolle, die sich aus dem Hauptspross der Pflanze entwickelt und an der einerseits die Wurzel und andererseits die kräftigen, fleischigen Blattstiele hängen.

Beim Wort Kohlrabi handelt es sich um nichts anderes als die Eindeutschung des italienischen Namens *cavolo rapa*. Bekannt ist die Knolle auch unter der Bezeichnung Stängelrübe, Oberrübe oder Rübkohl.

VERGESSEN – WIEDERENTDECKT Wie die Weiße Rübe, die Steckrübe oder die Topinambur galt auch der Kohlrabi lange Zeit als minderwertiges Gemüse, als typisches Kriegs- und Nachkriegsgemüse und klassisches Kantinengericht. Dass er heute wieder in Mode kommt, ist wahrscheinlich einigen Sterneköchen zu verdanken, die sich seiner annahmen und uns seine geschmacklichen Vorzüge neu entdecken ließen.

HERKUNFT Der Kohlrabi war ursprünglich in Nordeuropa beheimatet. Hervorgegangen ist er vermutlich aus einer an der Atlantikküste und am Ärmelkanal beheimateten Wildform des Gemüsekohls (*Brassica oleracea*) und einer Wildform der weißen Rübe (*Brassica campestris = B. napus*). In Mittel- und Osteuropa ist er seit dem 16. Jahrhundert beliebt. In Amerika hingegen ist er kaum bekannt. Im Unterschied zur Speiserübe handelt es sich bei der Kohlrabiknolle nicht um eine Pfahlwurzel, sondern um die verdickte Sprossachse der Pflanze. Unter der cremeweißen, blassgrünen oder violetten Schale verbirgt sich ein feines, perlmuttfarbenes Fruchtfleisch.

ANBAU Die Aussaat erfolgt ab Frühlingsanfang. Dabei ist auf ausreichenden Abstand zu achten, denn die Pflanze braucht relativ viel Platz, Wasser und Dünger. Kohlrabi bevorzugt humusreiche, gut durchlüftete Böden. Nach 2 Monaten ist das Gemüse erntereif.

LAGERUNG Beim Einkauf darauf achten, dass die Knollen keine Risse oder Flecken haben, und möglichst kleine (weniger als 7 cm Durchmesser) Exemplare wählen, um nicht Gefahr zu laufen, dass sie holzig sind. Im Kühlschrank ist Kohlrabi eine Woche haltbar. Das Gemüse vor der Lagerung mit Stielen, aber ohne Blätter, in einen perforierten Plastikbeutel verpacken. Die Blätter können getrennt 1–2 Tage aufbewahrt werden. Zum Einfrieren ist Kohlrabi weniger geeignet.

SORTEN Zu den ältesten und bekanntesten Sorten zählen der frühe weiße und der frühe violette Wiener Kohlrabi und der Riesenkohlrabi »Goliath«. Auch die Sorten mit violetter Schale haben ein zartes perlmuttfarbenes Fruchtfleisch.

VERWENDUNG Kohlrabi kann in Streifen geschnitten einfach roh geknabbert werden, oder man schneidet ihn in dünne Scheiben und serviert ihn mit einer Vinaigrette als Salat. Man kann ihn in Suppen mitkochen oder gekocht als Beilage zu Ragouts servieren, man kann ihn pürieren oder sautieren. Man kann ihn dämpfen, gratinieren oder mit Ingwer und Knoblauch zubereiten. Die jungen zarten Knollen eignen sich hervorragend als Ersatz für Mairüben und Knollensellerie. Die Blätter können wie Spinat zubereitet werden.

ERNÄHRUNGSPHYSIOLOGISCHE EIGENSCHAFTEN
Kohlrabi ist reich an Vitamin C und B6 sowie Kalium, Folsäure, Magnesium und Kupfer. Die Blätter enthalten relativ viel Vitamin A. Wie alle Kohlarten besitzt Kohlrabi antioxidative Eigenschaften: Er enthält Indole, Glutathion, Quercine, Betacarotine etc. Diese Moleküle neutralisieren die freien Radikale, die unsere Zellen ausscheiden und die den Alterungsprozess begünstigen.

Kohlrabi-Lauch-Suppe mit Majoran

(auf dem Foto rechts)
Für 6 Personen
Zubereitung und Kochzeit: 1 Std.

Zutaten

6 dicke Stangen Lauch
2 Kohlrabi
3 mittelgroße Kartoffeln
Butter oder Öl
Majoran, getrocknet
1,5 l Gemüse- oder Hühnerbrühe
Salz, Pfeffer
glatte Petersilie, gehackt

Zubereitung

Den Lauch putzen. Die dunkelgrünen Blätter entfernen. Die weißen Schäfte und die zarten grünen Teile mehrfach in reichlich Wasser waschen und danach in kleine Stücke schneiden. Den Kohlrabi schälen, in dünne Scheiben schneiden und 2 Min. in kochendem Wasser blanchieren. Die Kartoffeln schälen und würfeln. Butter oder Öl in einem Kochtopf erhitzen und den Lauch einige Minuten darin anschwitzen. Kartoffeln, Kohlrabi sowie 1 Prise Majoran dazugeben. Mit Brühe bedecken und mit Salz und Pfeffer würzen.
Aufkochen lassen und 25 Min. zugedeckt köcheln lassen, bis das Gemüse weich ist.
Die Suppe pürieren – oder das Gemüse ganz belassen – und mit gehackter Petersilie bestreuen.

Kohlrabi in Kräutermayonnaise

Für 4 Personen
Zubereitung und Kochzeit: 20 Min.

Zutaten

je einige Stängel Estragon, Schnittlauch, Kerbel und Brunnenkresse
1 Knoblauchzehe, geschält
1 EL mittelscharfer Senf
2 Eigelb
100 ml Öl
1 EL Essig oder Zitronensaft
Salz, Pfeffer
4 Kohlrabi

Zubereitung

Für die Kräutermayonnaise die Kräuter und den Knoblauch sehr fein hacken und miteinander mischen. Senf und Eigelbe unterrühren und das Öl unter ständigem Rühren in einem feinen Strahl einlaufen lassen, bis die Mayonnaise die gewünschte Konsistenz hat. Essig oder Zitronensaft unterrühren und mit Salz und Pfeffer abschmecken.
Den Kohlrabi schälen, raspeln und mit der Mayonnaise vermengen. Mit frischen Kräutern garnieren und servieren.

Kohlrabi-Sellerie-Gratin

Für 4 Personen
Zubereitung und Kochzeit: 1 Std.

Zutaten

4 Kohlrabi
4 Stangen Sellerie
Butter für die Form
Salz, Pfeffer
200 ml Hühnerbrühe
Crème fraîche
50 g geriebener Parmesan

Zubereitung

Den Kohlrabi schälen und in dünne Scheiben schneiden. Den Sellerie waschen, der Länge nach halbieren und in 1½ cm lange Stücke schneiden.
Eine Gratinform mit Butter einfetten. Eine Schicht Sellerie und danach eine Schicht Kohlrabi einfüllen, mit Salz und Pfeffer würzen. Den Vorgang so lange wiederholen, bis das Gemüse aufgebraucht ist. Mit einer Schicht Sellerie abschließen.
Die Hühnerbrühe mit etwas Crème fraîche verrühren und über das Gemüse gießen. Zum Schluss den Parmesan darüberstreuen.
Das Gemüse 30–35 Min. auf der mittleren Schiene des Backofens garen, bis es weich und der Käse leicht gebräunt ist.
Der Stangensellerie kann auch durch in dünne Scheiben geschnittenen Knollensellerie ersetzt werden.

Gedünsteter Kohlrabi mit Basilikum

Für 2 Personen
Zubereitung und Kochzeit: 30 Min.

Zutaten

3 Kohlrabi
1 EL Butter
300 ml Kalbsfond
Salz, Pfeffer
Basilikumblätter, gehackt

Zubereitung

Den Kohlrabi schälen und in dünne Scheiben schneiden. Butter in einem Topf erhitzen und den Kohlrabi einige Minuten darin anschwitzen. Den Fond angießen, den Deckel auflegen und das Gemüse etwa 15 Min. garen. Mit Salz und Pfeffer abschmecken, mit Basilikum bestreuen.

Kohlrabi mit Dill

Für 6 Personen
Zubereitung und Kochzeit: 30 Min.

Zutaten

6–8 Kohlrabi
Salz
2 Zweige Dill
2 EL Butter
100 g Crème fraîche épaisse*
Pfeffer
etwas Zitronensaft

Zubereitung

Den Kohlrabi schälen und in dünne Scheiben schneiden. 2–3 Min. in kochendem Salzwasser blanchieren, abgießen und abtropfen lassen. Den Dill waschen und fein schneiden.

Butter in einer Kasserolle erhitzen. Den Kohlrabi dazugeben und umrühren. Die Crème fraîche untermischen und mit Salz und Pfeffer würzen. Das Ganze offen köcheln lassen, bis die Crème fraîche eingekocht ist und der Kohlrabi vollständig davon überzogen ist.
Zum Schluss den gehackten Dill und ein paar Tropfen Zitronensaft unterrühren.
Der Dill kann auch durch Schnittlauch ersetzt werden. Das Gericht schmeckt dann zwar ganz anders, aber ebenso köstlich.

Wurzelgemüse auf marokkanische Art

Für 6 Personen
Zubereitung und Kochzeit: 1 Std. 10 Min.

Zutaten

4 Karotten
1 kleine Steckrübe
4 Kohlrabi
3 große weiße Zwiebeln
500 g Tomaten
2 EL Butter
1 TL gemahlene Kurkuma
1 TL gemahlener Ingwer
1 geh. Msp. geriebene Muskatnuss
Salz, Pfeffer
Mehl, 50 ml Gemüsebrühe

Zubereitung

Die Karotten schälen, der Länge nach halbieren und in etwa 2 cm lange Stücke schneiden. Die Steckrübe schälen und ebenfalls in 2 cm große Stücke schneiden. Den Kohlrabi schälen und in Stücke schneiden. Die Zwiebeln schälen und vierteln. Die Tomaten enthäuten, entkernen und das Fruchtfleisch grob hacken.
Die Butter in einer Sauteuse erhitzen. Zwiebeln und Gewürze kurz darin anschwitzen. Das restliche Gemüse dazugeben und mit Salz und Pfeffer würzen.
Umrühren, den Deckel auflegen und das Gemüse etwa 10 Min. dünsten. Mit Mehl bestäuben, umrühren, die Brühe angießen und die Tomaten hinzufügen. Unter gelegentlichem Rühren aufkochen lassen, die Wärmezufuhr danach verringern und das Gemüse zugedeckt 35–40 Min. köcheln lassen, bis es weich ist. Dabei häufig umrühren.
Das Gemüse auf einem Couscousbett anrichten und mit Kichererbsen garnieren.

Buntes Wurzelgemüse mit Morteau-Wurst

Für 6 Personen
Zubereitung und Kochzeit: 3 Std. 15 Min.

Zutaten

1 frische Schweinshaxe (750 g)
Salz
6 kleine Kohlrabi
6 Karotten
6 weiße Rüben (z.B. weiße Mailänder Rüben) oder 3 Steckrüben
6 Kartoffeln (z.B. Œil de Perdrix)
6 Stangen Lauch (nur die weißen Schäfte)
2 Zwiebeln
2 Gewürznelken
1 Kräutersträußchen (Thymian, Lorbeerblatt und Petersilie)
1 Knoblauchzehe
250 g frischer Speck
1 Msp. 4-Gewürzpulver*
6 Morteau-Würste* (geräucherte Würste aus Schweinefleisch)

Zubereitung

Einen großen Kochtopf mit etwa 4 l kaltem Wasser füllen. Die Schweinshaxe einlegen, salzen, aufkochen und das Fleisch etwa 40 Min. köcheln lassen.
Kohlrabi, Karotten, Weiße Rüben und Kartoffeln schälen. Den Lauch putzen, waschen und mit Küchengarn zusammenbinden. Die Zwiebeln schälen und jeweils mit 1 Gewürznelke spicken. Den Knoblauch schälen.
Nach 40 Min. Garzeit Speck, Zwiebeln, Knoblauch, 4-Gewürzpulver und Kräutersträußchen zur Haxe geben. Das Ganze erneut aufkochen und bei mittlerer Hitze 1 Std. 30 Min. garen.
Das Gemüse hinzufügen. Die Würste mit einer Gabel mehrfach einstechen, ebenfalls dazugeben und das Ganze weitere 30–40 Min. simmern lassen (die Suppe sollte nicht mehr zum Kochen kommen, damit die Würste nicht aufplatzen). Kräutersträußchen und Lauch entfernen.
Die Haxe herausnehmen, abtropfen lassen und das Fleisch in Scheiben schneiden. Gemüse, Fleischscheiben und Würste auf einer Servierplatte anrichten. Grobkörnigen Senf und Cornichons dazu reichen.
Wie alle Eintopfgerichte schmeckt auch dieses nach dem Aufwärmen noch besser.

Die Zucchini

Cucurbita pepo var. pepo
Familie der Kürbisgewächse (Cucurbitaceae)

Ronde de Nice

Ein echter Hingucker ist diese ertragsstarke runde Frühsorte, unter deren gelber oder dunkelgrüner, hell gesprenkelter Schale sich ein butterzartes Fruchtfleisch verbirgt. Die Früchte werden geerntet, wenn sie einen Durchmesser von 8 cm haben. Die Aussaat erfolgt ab April in Töpfen oder Anzuchtkästen; Erntezeit ist von Juli bis September. Die Ronde de Nice wird gerne für Gratins, Ratatouille und zum Füllen verwendet.

Es sieht aus wie ein Zeppelin, dieses walzenförmige Fruchtgemüse, das die Welt erobert hat, weil es stets jung geblieben ist.

Das italienische Wort *zucchini* ist die Verkleinerungsform von *zucca* – Kürbis. Und tatsächlich ist die Zucchini nichts anderes als eine noch nicht ausgereifte längliche Form des Kürbisses.

VERGESSEN – WIEDERENTDECKT Die Zucchini ist eigentlich nie in Vergessenheit geraten. Man findet sie in fast jedem Garten, irgendwo versteckt in der Nähe des Komposthaufens. Die alten, besonders schmackhaften Sorten (bei denen es sich zumeist um heimische Varietäten handelt) sind gerade im Begriff, sich eine immer größere Fangemeinde zu erobern.

HERKUNFT Als Zucchini bezeichnet man kleine Zucchetti-Kürbisse, die zusammen mit den Pâtissons die Gruppe der Sommerkürbisse bilden. Diese gehören wie die Winterkürbisse, zu denen etwa der Halloween-Kürbis zählt, der großen, ursprünglich in den Tropen Südamerikas beheimateten Familie der *Curcubita pepo* an. Die ältesten Funde von Gartenkürbissen, die man im mexikanischen Oaxaca fand, stammen etwa aus dem Jahr 8000 v. Chr. In Europa lernte man den Kürbis kennen, als Christoph Kolumbus die Neue Welt und die Indianer, die ihn kultivierten, entdeckt hatte. In Afrika und Asien gilt er als Fruchtbarkeitssymbol. Es waren die Italiener, die im 18. Jahrhundert damit begannen, die unreifen Früchte einer Kürbisart zu essen. Nach Frankreich gelangte die Zucchini Anfang des 19. Jahrhunderts und wurde zu einem wesentlichen Bestandteil der provenzalischen Küche.

ANBAU Zucchini werden ganzjährig angeboten, am besten sind sie jedoch von Mai bis September. In Nordeuropa wird das frostempfindliche Gemüse häufig in Gewächshäusern kultiviert. Die Aussaat erfolgt im Frühjahr; 6–8 Wochen später sind die Früchte erntereif. Eine Pflanze bringt mehrere Monate lang Früchte hervor.

LAGERUNG Zucchini sollten fest, glatt, nicht zu dick sein und schwer in der Hand liegen. Roh können sie 2 Tage im Kühlschrank aufbewahrt werden; danach verliert die Schale ihren Glanz, und das Fruchtfleisch wird schlaff. Zum Einfrieren die Zucchini in Scheiben schneiden und 1 Min. blanchieren.

SORTEN Ronde de Nice, Tondo di Piacenza, Odessa, Costata Romanesco, Bianca di Trieste, Long White Bush, Goldrush …

VERWENDUNG Zucchini werden (wie die Salatgurke) roh als Salat gegessen. Man kann sie braten, frittieren, füllen und gratinieren. In England stellt man daraus eine mit Ingwer aromatisierte Konfitüre und Pickles her. Zucchiniblüten schmecken köstlich, wenn man sie füllt oder in Backteig ausbäckt.

ERNÄHRUNGSPHYSIOLOGISCHE EIGENSCHAFTEN
Zucchini haben einen hohen Wassergehalt (95 Prozent) und sind reich an Ballaststoffen. Menschen mit Gastritis oder Magengeschwüren sollten das Gemüse vor dem Verzehr schälen. Sie sind dann besonders leicht verdaulich. Zucchini sind kalorienarm und enthalten Kalium, Phosphor, Magnesium, Calcium, Vitamin C und B3 sowie Provitamin A.

Long White Bush

Die blassgrünen, länglichen Früchte dieser ertragreichen Frühsorte haben ein festes, helles Fruchtfleisch mit feinem Geschmack. Aussaat ab Februar in Töpfen, Anzuchtkästen oder im Gewächshaus; Auspflanzung Mitte Mai; Ernte von Juni bis November. Die Sorte wird gerne für Gratins, Ratatouille oder zum Füllen verwendet und schmeckt auch vorzüglich als Suppe zubereitet.

Goldrush

Die keulenförmigen gelben Früchte mit dem grünen Stiel und dem häufig leicht gebogenen »Kopf« erinnern ein wenig an Bananen. Zumal die Pflanze auch noch riesige Blätter hat. Aussaat zu Beginn des Frühjahrs in Anzuchtkästen; anschließend Auspflanzung in lockere Erde; Ernte im Sommer und Herbst. Die jungen Früchte genießt man am besten roh, nur mit ein wenig Salz.

Runde Zucchini mit Fetafüllung

(auf dem Foto links)
Für 8 Personen
Zubereitung und Kochzeit: 50 Min.

Zutaten

8 kleine runde Zucchini (z.B. Rondes de Nice)
3 milde Zwiebeln
200 g Feta, zerdrückt
100 g Crème fraîche épaisse*
2 Eier, verquirlt
Thymianblätter
Minze, fein geschnitten
Salz, Pfeffer
Olivenöl

Zubereitung

Den Backofen auf 180 °C vorheizen.
Die Zucchini waschen und jeweils oben einen kleinen Deckel abschneiden. Das Fruchtfleisch vorsichtig mit einem Teelöffel herauslösen; dabei etwa ½ cm Fruchtfleisch stehen lassen.
Das ausgelöste Fruchtfleisch fein hacken. Die Zwiebeln schälen und ebenfalls fein hacken. Mit Zucchinifruchtfleisch, Feta, Crème fraîche, Eiern, Thymian und Minze vermengen. Mit Salz sowie Pfeffer würzen und etwas Olivenöl unterrühren. Die Zucchini mit der Farce füllen, mit Olivenöl beträufeln und etwa 35 Min. im Backofen garen.
Diese Vorspeise kann heiß, lauwarm oder kalt serviert werden. Mit einem Blattsalat wird daraus eine vollwertige leichte Mahlzeit.

Sautierte Scampi mit Zucchinitagliatelle

Für 4 Personen
Zubereitung und Kochzeit: 35 Min.

Zutaten

20 küchenfertige Scampi
2 gelbe Zucchini (z.B. Goldrush)
2 weiße Zucchini (z.B. Long White Bush)
Olivenöl
1 Knoblauchzehe
Salz, Pfeffer

Zubereitung

Die Schwänze der Scampi der Länge nach aufschneiden, auseinanderziehen und das Fleisch jeweils in einem Stück herauslösen. Die dunklen Därme mit einer Pinzette entfernen.

Die Zucchini waschen und mitsamt der Schale – am besten mit einem Gemüsehobel – in lange, schmale Streifen schneiden.

Olivenöl in einer Sauteuse erhitzen. Die Zucchini hineingeben, den Knoblauch darüberpressen. Mit Salz und Pfeffer würzen. Die Zucchini unter häufigem Rühren etwa 8 Min. garen.

Olivenöl in einer Pfanne erhitzen und das Scampifleisch darin anbraten. Mit Salz und Pfeffer würzen und 5 Min. bei starker Hitze garen.

Die Zucchinitagliatelle auf einer vorgewärmten Servierplatte verteilen und das Scampifleisch darauf anrichten.

Gelbe Zucchini mit Brie überbacken

Für 4 Personen
Zubereitung und Kochzeit: 35–40 Min.

Zutaten

4 gelbe Zucchini (z.B. Goldrush)
1 Zwiebel
100 g Brie (Weichkäse mit Edelschimmel)
Olivenöl oder Butter
Salz, Pfeffer
150 g Sahne
glatte Petersilie, gehackt

Zubereitung

Die Zucchini waschen und in etwa 5 mm dicke Scheiben schneiden. Die Zwiebel schälen und fein hacken.

Den Backofen auf 200 °C vorheizen.

Die Schimmelrinde des Brie zu einem Drittel entfernen und den Käse in Scheiben schneiden. Die Zwiebel in etwas Olivenöl oder Butter anschwitzen. Die Zucchini dazugeben und bei starker Hitze unter Rühren anbraten. Die Wärmezufuhr verringern, das Gemüse mit Salz und Pfeffer würzen und zugedeckt etwa 15 Min. garen.

Die Zucchini in eine Auflaufform füllen, mit Sahne übergießen, den Käse darauf verteilen und das Ganze 10 Min. in den Backofen stellen, bis der Käse geschmolzen ist.

Mit Petersilie bestreuen und sehr heiß servieren.

Gebratener Wolfsbarsch mit Gemüsetagliatelle und Sauce vierge

Für 6 Personen
Zubereitung und Kochzeit: 50 Min.

Zutaten

Sauce vierge mit Piment d'Espelette*
2 runde grüne Zucchini (z.B. Rondes de Nice)
2 gelbe Karotten
2 rote oder weiße Rettiche
1,5 kg Wolfsbarsch (vom Fischhändler vorbereitet)
grobes Meersalz, Pfeffer
Olivenöl

Zubereitung

Die Sauce vierge (siehe Rezept rechts) zubereiten. Den Backofen auf 200 °C vorheizen.

Zucchini, Karotten sowie Rettiche waschen (die Karotten eventuell schälen) und in feine Streifen schneiden.

Den Fisch kalt abspülen. Außen und innen mit Salz und Pfeffer würzen, in eine flache feuerfeste Form legen und mit Olivenöl beträufeln. 15 Min. auf der mittleren Schiene des Backofens garen, anschließend wenden und 15 Min. garen. Inzwischen das Gemüse 10 Min. dämpfen und mit Salz würzen. Den Fisch auf einer Platte anrichten, das Gemüse rundherum verteilen und die Sauce darübergießen.

Sauce vierge

Für 6 Personen
Zubereitung und Kochzeit: 15 Min.

Zutaten

2 Tomaten
1 große Zitrone
Salz, Pfeffer
150 ml Olivenöl
1 Prise Piment d'Espelette*
1 EL fein geschnittenes Basilikum

Zubereitung

Die Tomaten enthäuten, entkernen und das Fruchtfleisch fein würfeln. Die Zitrone dick abschälen, filetieren und das Fruchtfleisch würfeln. Tomaten- und Zitronenwürfel in einer Schüssel mit Salz, Pfeffer, Olivenöl und Piment d'Espelette verrühren. Die Sauce 10 Min. durchziehen lassen. Kurz vor dem Servieren das Basilikum unterrühren.

Runde Zucchini mit Tomatenfüllung

Für 6 Personen
Zubereitung und Kochzeit: 50 Min.

Zutaten

12 kleine oder 6 große runde gelbe Zucchini
500 g Fleischtomaten
2 Knoblauchzehen, gehackt
glatte Petersilie, gehackt
2 EL Olivenöl
Salz, Pfeffer

Zubereitung

Den Backofen auf 200 °C vorheizen.

Die Zucchini waschen und jeweils oben einen Deckel abschneiden. Das Fruchtfleisch mit einem Teelöffel herauslösen und fein würfeln, dabei die Kerne entfernen.

Die Tomaten enthäuten, entkernen und das Fruchtfleisch in kleine Würfel schneiden. Die Gemüsewürfel in einer kleinen Schüssel mit Knoblauch, Petersilie und Olivenöl mischen und mit Salz und Pfeffer würzen.

Die Zucchini mit der Mischung füllen, in eine feuerfeste Form setzen und 30 Min. im Backofen garen. Das Gericht nach Belieben vor dem Servieren mit geriebenem Parmesan bestreuen.

Der Mangold

Beta vulgaris var. cicla

Familie der Gänsefußgewächse (Chenopodiaceae)

Glatter Silber

Dieser Stielmangold zählt zu den ältesten Mangoldvarietäten und ist ein absoluter Klassiker. Er ist eng verwandt mit dem Gelben Lyoner Mangold. Die Aussaat erfolgt im April (in Töpfen, Anzuchtkästen oder im Gewächshaus); Auspflanzung im Mai; Ernte ab Juli bis zum Herbst. Blätter und Stiele schmecken vorzüglich.

Mangold ist eine Kulturform der Rübe. Der dicke, breite Blattstiel hat einen knackigen Biss und ist dennoch so zart, dass er förmlich auf der Zunge zergeht.

Man unterscheidet zwischen Blatt- oder Schnittmangold und Stiel- oder Rippenmangold. Bei Ersterem werden nur die Blätter verwendet.

VERGESSEN – WIEDERENTDECKT Den Mangold konnte man zu jeder Zeit in Gärten oder auf Märkten finden, jedoch stets nur eine dickstielige Sorte. Dabei sind die Kultivare mit den schmalen roten, rosa-violetten, gelben oder dunkelroten Stielen um Längen besser.

HERKUNFT Die zweijährige Pflanze stammt von der Wildbete (*Beta vulgaris*) ab, die man in Hülle und Fülle in der Nähe der meisten europäischen Küsten findet. Im Unterschied zu seiner Verwandten, der Roten Bete, werden beim Mangold nicht die Knollen, sondern die Blattstiele und die Blätter verwendet. Das Gemüse wird bereits bei Plinius dem Älteren erwähnt und ist im Capitulare de villis, der mittelalterlichen Domänenverordnung Karls des Großen, unter dem Namen Beta bei den Gemüsepflanzen aufgeführt. In verschiedenen antiken Quellen werden die Heilkräfte des Mangolds gepriesen. Im Mittelalter entwickelte sich der Mangold neben dem Lauch, der Gartenmelde, dem Guten Heinrich, dem Portulak und dem Sauerampfer zu einer der wichtigsten Kulturpflanzen Europas.

ANBAU Wie die Rote Bete liebt der Mangold gut durchlüftete, tiefgründige, nährstoffreiche und durchlässige Böden. Die Aussaat erfolgt im Frühjahr, etwa im April; zweieinhalb Monate später ist das Gemüse erntereif. Die Ernte kann bis zu den ersten Frösten dauern. Beim Stielmangold werden die äußeren Blätter mit zunehmender Reife nach und nach entfernt. Beim Blattmangold wird die Pflanze unmittelbar über dem Wurzelansatz abgeschnitten. So kann die Wurzel neue, ebenso kräftige Triebe entwickeln.

LAGERUNG Beim Einkauf sollte man darauf achten, dass das Gemüse keine braunen Stellen aufweist, die Stiele fest sind und die Blätter eine leuchtend grüne Farbe haben. In einem perforierten Plastikbeutel können die ungewaschenen Stiele bis zu 4 Tage im Kühlschrank aufbewahrt werden. Die Blätter können 2 Min. blanchiert und anschließend eingefroren werden.

SORTEN Glatter grüner Mangold, Grüner Schnitt, Krauser Silber, Glatter Silber, Gelber breitblättriger Lyoner, Blonder Mangold mit Silberstangen, Lukullus, Vulkan (rotstielige Sorte) …

VERWENDUNG Mangold wird roh und gekocht gegessen. Die jungen Blätter schmecken köstlich als Salat. Gekochter Mangold kann kalt oder heiß serviert werden. Stiele und Blätter können zusammen gekocht oder für unterschiedliche Gerichte verwendet werden. Die Stiele werden wie Spargel und Stangensellerie gekocht und – z.B. mit einer Sauce (Sauce Mornay, Sauce hollandaise, Vinaigrette) – serviert, oder man verwendet sie für Suppen und Ragouts. In pfannengerührten Gerichten eignen sie sich als Ersatz für Chinakohl. Die Blätter werden wie Spinat zubereitet.

ERNÄHRUNGSPHYSIOLOGISCHE EIGENSCHAFTEN
Mangold ist ein guter Vitamin-C- und Vitamin-A-Lieferant und reich an Magnesium, Kalium und Calcium. Er enthält Eisen, Kupfer, Folsäure, Riboflavine und Vitamin B6. Die Blätter wirken abführend und harntreibend.

Rotstieliger Mangold

Mit seinen leuchtend roten, rosa oder dunkelrot gestreiften Stielen ist er die Zierde jedes
Gemüsegartens. Man verwendet sowohl die
Blätter als auch die zarten Stiele, die beim
Kochen allerdings ihre rote Farbe verlieren.
Die Aussaat erfolgt im April/Mai; die Erntezeit dauert bis zum Spätherbst. Stielmangold
verträgt keine Trockenheit und benötigt
deshalb ausreichende Wassergaben.

Lukullus

Diese Spätsorte ist erst im Herbst oder sogar
erst im Winter erntereif. Die hellgrünen
Blätter können bis zu 50 cm lang werden.
Die Sorte wird vor allem wegen ihrer Stiele
kultiviert, die man mit Butter, in Sahnesauce,
als Gratin etc. serviert. Die jungen Blätter
schmecken vorzüglich, wenn man sie wie
Spinat kocht. Aussaat im September;
Ernte bis zum ersten Schnee.

Sardinen mit Mangold gefüllt auf Couscous

Für 6 Personen
Zubereitung und Kochzeit: 1 Std.

Zutaten

24 mittelgroße Sardinen
12 Mangoldstiele (z.B. Glatter Silber)
12 große Spinatblätter
2 Tomaten
2 Zweige glatte Petersilie
Olivenöl
2 Knoblauchzehen, durchgepresst
100 g Ricotta
gemahlener Koriander
edelsüßes Paprikapulver
Salz, Pfeffer
500 ml Gemüsebrühe
500 g Couscousgrieß
Butter
Limettensaft

Zubereitung

Die Sardinen vorbereiten: Die Köpfe abtrennen, die Fische ausnehmen und die Mittelgräte entfernen, ohne dass die Filets getrennt werden (am besten lassen Sie das von Ihrem Fischhändler machen). Die Fische unter fließendem Wasser abspülen und trocken tupfen.
Den Mangold putzen: Die Blätter abtrennen, die Stiele abfädeln und in schmale Stücke schneiden. Mangold- und Spinatblätter waschen und fein schneiden. Die Tomaten enthäuten, entkernen und das Fruchtfleisch hacken. Die Petersilie waschen und fein schneiden. Olivenöl in einer Sauteuse erhitzen und die Mangoldstiele darin dünsten, bis sie ihre Farbe verlieren. Die Blätter, die Tomaten sowie den Knoblauch hinzufügen und das Ganze in etwa 10 Min. weich garen.
Den Ricotta mit etwas Koriander und Paprikapulver verrühren und zum Mangold geben. Die Füllung mit Salz und Pfeffer würzen.
Die Sardinen aufklappen. Die Hälfte der Fische mit der Hautseite nach unten auf eine Arbeitsfläche legen, die Füllung darauf verteilen und die restlichen Sardinen mit der Hautseite nach oben darauflegen.
Für den Couscous die Gemüsebrühe in einem Topf zum Kochen bringen. Den Grieß in einer Schüssel mit 500 ml leicht gesalzenem, kalten Wasser sowie 1 EL Olivenöl vermengen und

4 Min. quellen lassen. Mit einer Gabel auflockern, in ein feinmaschiges Sieb füllen und dieses in den Topf mit der Gemüsebrühe hängen. Den Couscous 5 Min. dämpfen. Erneut auflockern und etwas Butter unterrühren.
Während der Couscous gart, Olivenöl in einer Pfanne erhitzen und die Sardinen 6–7 Min. anbraten. Vorsichtig wenden und auf der anderen Seite ebenfalls 6–7 Min. braten.
Die Sardinen auf dem Couscous anrichten, mit Limettensaft und Olivenöl beträufeln und mit Petersilie bestreuen.

Mangoldsamtsuppe mit Reblochon

Für 6 Personen
Zubereitung und Kochzeit: 35 Min.

Zutaten

2 Stangen Lauch
1 Bund Schnittmangold
1 mittelgroße Kartoffel
1 EL Butter
1 Speckschwarte (von Räucherspeck)
1,5 l Gemüsebrühe
Salz, Pfeffer
3 Scheiben Landbrot, entrindet
1 EL Olivenöl
200 g Reblochon* (halbfester Schnittkäse)
2 EL Crème fraîche

Zubereitung

Den Lauch und die Mangoldblätter (die Stiele für ein anderes Gericht aufheben) putzen, waschen und fein schneiden. Die Kartoffel schälen und fein würfeln.
Butter in einer Kasserolle zerlassen. Lauch und Mangold unter Rühren darin anschwitzen. Kartoffel und Speckschwarte dazugeben, mit Brühe bedecken und ganz leicht salzen. Aufkochen und dann 25 Min. zugedeckt köcheln lassen.
Inzwischen die Croûtons zubereiten. Das Brot in Würfel schneiden und in etwas Olivenöl rösten. Die Rinde des Reblochon entfernen und den Käse in Würfel schneiden.
Die Speckschwarte aus dem Topf nehmen, die Suppe pürieren und mit Salz und Pfeffer abschmecken.
Unmittelbar vor dem Servieren die Crème fraîche und den Käse einrühren. Die Croûtons separat dazu reichen.

Mangoldgratin mit Raclettekäse

Für 4 Personen
Zubereitung und Kochzeit: 50 Min.

Zutaten

1 Bund weißstieliger Stielmangold
2 Fleischtomaten
1 Knoblauchzehe, geschält und gehackt
50 g durchwachsener Räucherspeck, in Streifen
100 g Crème fraîche
Salz, Pfeffer
8 Scheiben Raclettekäse

Zubereitung

Die Mangoldblätter von den Stielen abtrennen, waschen und grob hacken. Tropfnass in einen Topf geben, bei geringer Hitze zusammenfallen lassen, sparsam salzen und 10 Min. dünsten.
Die Stiele abfädeln, in etwa 2 cm lange Stücke schneiden und 10 Min. in kochendem Salzwasser blanchieren.
Die Tomaten enthäuten, entkernen und das Fruchtfleisch in dickere Scheiben schneiden. Mangoldblätter und -stiele abgießen und abtropfen lassen.
Den Speck in einer Sauteuse auslassen und den Knoblauch kurz im Fett anbraten. Aus dem Topf nehmen und beiseitestellen. Etwas Butter in der

Sauteuse zerlassen und nacheinander die Mangoldstiele, die Blätter, die Speck-Knoblauch-Mischung und die Tomatenscheiben einschichten. Die Crème fraîche darauf verteilen. Mit Salz und Pfeffer würzen.

Das Gratin mit den Käsescheiben belegen und bei mittlerer Hitze zugedeckt etwa 20 Min. garen.

Mangoldtarte

Für 6 Personen
Zubereitung und Kochzeit: 1 Std. 20 Min.

Zutaten

600 g Schnittmangold (z.B. Lukullus)
Butter
Salz, Pfeffer
300 g Zwiebeln
400 g Tomaten
2 Knoblauchzehen, gehackt
1 TL Thymianblättchen
1 Rolle backfertiger Blätterteig
100 g Greyerzer, gerieben

Zubereitung

Den Backofen auf 200 °C vorheizen. Die Mangoldblätter von den Stielen abtrennen, waschen und fein schneiden (die Stiele für ein anderes Gericht aufheben). Mit etwas Butter in einer Sauteuse zusammenfallen lassen und mit Salz und Pfeffer würzen.

Die Zwiebeln schälen und fein schneiden. Die Tomaten enthäuten, entkernen und das Fruchtfleisch grob würfeln. Beides in einer Kasserolle erhitzen, bis die Tomaten etwas Flüssigkeit abgeben. Knoblauch und Thymian hinzufügen. Eine Tarteform mit dem Blätterteig auskleiden. Den Boden mehrfach mit einer Gabel einstechen. Die Hälfte der Tomatenmischung darauf verteilen und mit der Hälfte des Käses bestreuen. Dann nacheinander die Mangoldblätter und die restlichen Tomaten einschichten. Mit dem restlichen Käse bestreuen.

Die Tarte 15 Min. auf der untersten Schiene des Backofens backen. Die Temperatur anschließend auf 180 °C reduzieren und die Tarte auf der mittleren Schiene in 25–30 Min. fertig backen. Lauwarm oder kalt servieren.

Gefüllte Mangoldblätter

(auf dem Foto oben)
Für 6 Personen
Zubereitung und Kochzeit: 1 Std. 30 Min.

Zutaten

1 Ochsenherz-Karotte
1 weiße Zwiebel
1 Handvoll glatte Petersilienblätter
12 Minzeblätter
300 g Kalbfleisch aus der Schulter
100 g Kochschinken
2 Eier
8 rotstielige Mangoldblätter
Salz, Pfeffer
3 EL geriebener Parmesan
3 EL Olivenöl
2 EL Zitronensaft

Zubereitung

Den Backofen auf 200 °C vorheizen.
Karotte und Zwiebel schälen und in kleine Würfel schneiden. Petersilie und Minze waschen und fein hacken.

Das Fleisch und den Schinken hacken. Die Eier kräftig verquirlen.

Die Mangoldblätter waschen (die Stiele für ein anderes Gericht aufheben) und 1 Min. in reichlich kochendem Salzwasser blanchieren. In Eiswasser abschrecken und auf Küchenpapier trocknen lassen.

Fleisch, Schinken, Karotte, Eier, Zwiebel und Kräuter in einer großen Schüssel vermengen. Mit Salz und Pfeffer würzen und den Parmesan unterrühren. Die Mischung anschließend in 8 gleich große Portionen teilen.

Auf jedes Mangoldblatt 1 Portion Füllung geben, die Blätter zu etwa 7 cm langen Rouladen aufrollen, mit Zahnstochern zustecken und nebeneinander in eine Auflaufform schichten. Mit Olivenöl sowie Zitronensaft beträufeln und etwa 50 Min. auf der mittleren Schiene des Backofens garen. Gekochten Reis dazu servieren.

Die Aubergine

Solanum melongena

Familie der Nachtschattengewächse (Solanaceae)

Violetta di Firenze

Die »Violette aus Florenz« ist eine große, schwere runde Aubergine. Das leuchtende Rosaviolett der leicht gerippten Schale geht am Stielansatz in Weiß über. Das zarte, schmackhafte Fruchtfleisch eignet sich hervorragend für Füllungen oder – in Scheiben geschnitten – zum Braten. Aussaat von Januar bis März in Töpfen, Anzuchtkästen oder im Gewächshaus; Auspflanzung im April/Mai; Ernte von Juli bis September.

Es gibt Auberginen mit violetter, weißer, grüner, malvenfarbener, orangefarbener oder roter Schale. Das Fruchtfleisch ist stets elfenbeinfarben. Bittersüß wie ein Frühlingsregen in Südfrankreich ist sein leicht mineralischer Geschmack.

Der Name »Aubergine« ist vom katalanischen *alberginia*, vom arabischen *al-bâdinjân* und vom persischen *bâdengân* abgeleitet. In manchen Gegenden, vor allem in Österreich, hat sich der vom italienischen *melanzana* oder vom griechischen *melitzána* abgeleitete Name Melanzani erhalten.

VERGESSEN – WIEDERENTDECKT Bis vor kurzem wurde auf den Märkten nur eine Sorte mit glatten, länglich-ovalen violetten – und ziemlich faden – Früchten angeboten. Inzwischen haben Dutzende alter Kultivare in unterschiedlichsten Formen und Farben wieder Einzug auf unseren Märkten gehalten.

HERKUNFT Die heutige Aubergine ist aus einer in Ostafrika und im Mittleren Osten beheimateten Aubergine hervorgegangen, die man mit anderen Sorten gekreuzt hat, von denen es in Afrika, Indien, China und Indonesien eine Vielzahl gibt. Von Indien und China, wo sie bereits seit 2500 Jahren kultiviert wird, gelangte die Aubergine im Mittelalter durch die Araber nach Nordafrika und Europa. Da man damals glaubte, der Genuss der Frucht mache die Menschen wahnsinnig, gab man ihr den Beinamen Mala insana (ungesunder Apfel). Zu den größten Auberginenerzeugern zählen heute China, Indien, Japan, die Türkei, Ägypten und Italien.

ANBAU Auberginen lieben Wärme und humusreiche Böden. Die Samen werden im Februar/März ausgesät und danach in Töpfe, ins Freiland oder ins Gewächshaus gepflanzt. Die Pflanzen werden wie Tomaten an Spalieren hochgezogen und ausgegeizt. Erntezeit ist von Anfang Juli bis Ende September.

LAGERUNG Achten Sie beim Einkauf auf eine glatte, unversehrte Haut und pralles Fruchtfleisch. Die festen, schweren Früchte werden mit zunehmendem Alter bitter. Im Kühlschrank können sie 1 Woche aufbewahrt werden. Zum Einfrieren müssen sie vorher blanchiert werden.

SORTEN In der offiziellen französischen Sortenliste sind etwa 30 Sorten aufgeführt. In ganz Europa gibt es etwa 150. In Asien sind es noch mehr. Im Samenkatalog des französischen Saatguterzeugers Vilmorin-Andrieux waren 1925 unter anderem folgende Sorten gelistet: die Lange Violette, die sehr frühe Aubergine aus Barbentane, die Violette (oder Schwarze) aus Barbentane, die Runde (oder Schwarze) aus China, das Wunder von New York u.v.a. Nicht zu vergessen verschiedene weiße Sorten wie z.B. Dourga oder die Weiße Ovale oder auch Sorten wie die Redonda de Valencia, Giniac, Solara, Violetta di Firenze, Rosa Bianca, Skoutari, Violetta di Napoli, Diamond, Chinese Long oder Thai Long Green. Neuere Sorten sind etwa Baluroi und Bonica.

VERWENDUNG In China und Indien isst man die jungen Früchte als Salat. Im Ayurveda, der traditionellen indischen Heilkunst, gelten weiße Auberginen als Heilmittel gegen Diabetes. Man kann sie warm oder kalt servieren, einlegen, grillen, gratinieren, füllen, pürieren etc. Sie ist u.a. Bestandteil von Auberginenkaviar, Ratatouille und Moussaka.

ERNÄHRUNGSPHYSIOLOGISCHE EIGENSCHAFTEN
Auberginen sind reich an Mineralstoffen (Kupfer, Kalium, Magnesium), Folsäure, Vitamin B6 und Saponosiden (sie sind dafür verantwortlich, dass die Aubergine beim Kochen so viel Öl aufsaugt). Auberginen wirken harntreibend, abführend, beruhigend und blutdrucksenkend, beugen Krebserkrankungen vor und senken den Cholesterinspiegel.

Violette aus Barbentane

Relativ ertragstarke und robuste Frühsorte mit großen, länglichen dunkelvioletten Früchten (20–25 cm lang), festem Fruchtfleisch und ausgezeichnetem Geschmack. Die Pflanze hat hübsche violette Blüten und große gräuliche Blätter. Die Aussaat erfolgt im April (in Anzuchtkästen oder im Gewächshaus); Erntezeit ist von August bis Oktober.

Redonda de Valencia

Diese spanische Sorte wurde zu einer Zeit »erfunden«, als die Gemüsegärten im Südosten Spaniens noch klein waren und man dort ohne chemische Dünger und Pestizide auskam. Die mittelgroßen, fast runden und leicht gerippten violetten Früchte haben einen ausgeprägten Auberginengeschmack. Aussaat (in Töpfen oder Anzuchtkästen) zu Beginn des Frühjahrs; anschließend Auspflanzung; Ernte im Sommer.

Bianca

Die Schale dieser ovalen Sorte hat normalerweise eine rosaweiße Färbung. Die Früchte sollten möglichst jung gegessen werden und eignen sich hervorragend für Ratatouille. Aussaat im März/April in Töpfen; Auspflanzung Mitte Mai; Ernte 5 Monate nach der Aussaat. Die Pflanzen bevorzugen tiefgründige, gut durchlüftete und humusreiche Böden sowie sonnige Standorte. Sie müssen wie Tomaten gewässert und ausgegeizt werden.

Auberginenrouladen mit Mozzarella

(auf dem Foto rechts)
Für 4 Personen
Zubereitung und Kochzeit: 1 Std.

Zutaten

2 Auberginen (z.B. Violette aus Barbentane)
2 Tomaten (z. B. Green Zebra)
Olivenöl
Salz, Pfeffer
1 Knoblauchzehe, durchgepresst
300 g Mozzarella
je 1 TL Basilikum, Thymian, Rosmarin, gehackt

Zubereitung

Den Backofengrill vorheizen.
Die Auberginen waschen, vom Stielansatz befreien und der Länge nach in dünne Scheiben schneiden. Die Tomaten waschen und vierteln.
In einer kleinen Schüssel Olivenöl mit Salz, Pfeffer und der Knoblauchzehe verrühren.
Die Auberginenscheiben damit bepinseln, auf beiden Seiten jeweils 2–3 Min. unter dem Backofengrill rösten. Auf Küchenpapier abtropfen lassen.
Den Backofen auf 200 °C herunterschalten.
Den Mozzarella in kleine Stifte schneiden. Jede Auberginenscheibe mit Mozzarellastiften und 1 Tomatenviertel belegen, mit den Kräutern bestreuen und aufrollen. Mit Zahnstochern feststecken und in eine große feuerfeste Form schichten.
Die Rouladen für einige Minuten in den Backofen geben, bis der Käse schmilzt. Zum Aperitif servieren.

Auberginen mit Tomaten-Kräuter-Füllung

Für 4 Personen
Zubereitung und Kochzeit: 1 Std. 45 Min.

Zutaten

2 große Auberginen (z.B. Violette aus Barbentane)
Salz
2 rote Zwiebeln
2 Knoblauchzehen
frische Kräuter (z.B. Thymian, Rosmarin, Koriandergrün)
Pfeffer
100 g Tomaten
Olivenöl
200 ml Gemüsebrühe

Zubereitung

Die Auberginen waschen, vom Stielansatz befreien und der Länge nach halbieren. Das Fruchtfleisch herauslösen; dabei etwa 8 mm Fruchtfleisch stehen lassen. Die Hälften mit Salz bestreuen, mit der Schnittfläche nach unten auf eine Platte legen und 30 Min. Wasser ziehen lassen. Den Backofen auf 200 °C vorheizen.
Die Zwiebeln schälen und fein hacken. Den Knoblauch schälen und durchpressen. Die Kräuter waschen, fein hacken und mischen. Tomaten enthäuten, entkernen und das Fruchtfleisch fein würfeln.

Olivenöl in einer Sauteuse erhitzen und die Zwiebeln darin goldgelb anschwitzen. Knoblauch, Auberginen- und Tomatenfruchtfleisch dazugeben, mit Pfeffer würzen. Das Gemüse etwa 15 Min. bei relativ starker Hitze schmoren lassen, bis es vollkommen trocken ist.
In einer kleinen Schüssel 2 EL Olivenöl mit der Brühe und den Kräutern verrühren.
Die Auberginenhälften mit Küchenpapier trocken tupfen, mit dem Gemüse füllen und in eine feuerfeste Form setzen. Mit der Kräuterbrühe begießen.
35–40 Min. im Backofen garen.

Weiße Auberginen mit Minze

Für 4 Personen
Zubereitung und Kochzeit: 50 Min.
+ 30 Min. Entwässerungszeit

Zutaten

3 weiße Auberginen (z.B. Bianca; ca. 600 g)
Salz
2 Zweige frische Minze
1 Knoblauchzehe
Pfeffer
2 EL Olivenöl
Balsamico-Essig

Zubereitung

Die Auberginen waschen, vom Stielansatz befreien und in mundgerechte Stücke schneiden. Auf einer Platte mit Salz bestreuen und 30 Min. Wasser ziehen lassen. Anschließend abtropfen lassen und mit Küchenpapier trocken tupfen. Den Knoblauch schälen und hacken, die Minze fein schneiden.

Das Olivenöl in einer Sauteuse erhitzen. Auberginen und Knoblauch etwa 10 Min. bei mittlerer Hitze darin braten, bis die Auberginen weich und leicht gebräunt sind. Dabei laufend wenden. Mit Pfeffer würzen und in einer Schüssel etwas abkühlen lassen.

Mit etwas Balsamico-Essig beträufeln, mit der Minze bestreuen, noch einmal abschmecken und lauwarm servieren.

Auberginensalat mit Eiern und Mayonnaise

Für 4 Personen
Zubereitung und Kochzeit: 55 Min.
+ 30 Min. Entwässerungszeit

Zutaten

3 violette Auberginen (z.B. Violetta di Firenze; ca. 600 g)
grobes Meersalz
2 Knoblauchzehen
2 Zweige Basilikum
Saft von 2 Zitronen
Pfeffer
2 Eier, hart gekocht
4 EL Mayonnaise

Zubereitung

Die Auberginen waschen, vom Stielansatz befreien und in mundgerechte Stücke schneiden. In einer Schüssel mit Salz bestreuen und 30 Min. Wasser ziehen lassen. Anschließend abtropfen lassen und mit Küchenpapier trocken tupfen.

Den Knoblauch schälen und durchpressen. Basilikum waschen, trockenschleudern, die Blätter abzupfen und fein schneiden.

Die Auberginen 5 Min. in kochend heißes Wasser legen, abgießen und abtropfen lassen. In eine Schüssel geben. Mit Zitronensaft beträufeln, den Knoblauch hinzufügen und mit Pfeffer würzen. Den Salat vorsichtig durchmischen und 30 Min. durchziehen lassen.

Die Eier schälen und würfeln. Die Mayonnaise unter die Auberginen ziehen. Den Salat noch einmal abschmecken und mit den Eierwürfeln bestreuen.

Gegrillte Auberginen

Für 4 Personen
Zubereitung und Kochzeit: 35 Min.
+ 30 Min. Entwässerungszeit

Zutaten

1 weiße und 1 violette Aubergine
(z.B. Bianca und Violette aus Barbentane)
grobes Meersalz
2 Knoblauchzehen, geschält und zerdrückt
5 EL Olivenöl
Sojasauce
Salz, Pfeffer
5 Basilikumblätter, fein geschnitten

Zubereitung

Die Auberginen waschen, vom Stielansatz befreien und in etwa 5 mm dicke Scheiben schneiden. Mit grobem Salz bestreuen, 30 Min. Wasser ziehen lassen und trocknen.

Den Backofengrill vorheizen. Den Knoblauch mit 4 EL Olivenöl und etwas Sojasauce verrühren. Die Auberginenscheiben damit bepinseln und unter dem Backofengrill auf jeder Seite 7–8 Min. grillen.

Mit dem restlichen Olivenöl beträufeln, mit Salz und Pfeffer würzen und mit Basilikum bestreuen.

Gegrillte Auberginen mit gelbem Stierhorn-Paprika

Für 6 Personen
Zubereitung und Kochzeit: 45 Min.
+ 30 Min. Entwässerungszeit

Zutaten

4 violette Auberginen
(z.B. Violette aus Barbentane)
Salz
3 gelbe Paprikaschoten »Corno di Toro Giallo«*
je 2 Zweige Basilikum, Minze, Petersilie
4 Knoblauchzehen
5 EL Olivenöl
Pfeffer
1 EL Zitronensaft

Zubereitung

Die Auberginen waschen, vom Stielansatz befreien und in 2–3 mm dicke Scheiben schneiden. Mit Salz bestreuen und 30 Min. Wasser ziehen lassen. Die Paprikaschoten waschen, von Kernen und Häutchen befreien und der Länge nach in breitere Streifen schneiden. Die Kräuter waschen und fein schneiden. Den Knoblauch schälen. 3 Zehen fein hacken, die vierte halbieren. Den Backofengrill vorheizen.

In einer kleinen Schüssel gehackten Knoblauch, 4 EL Olivenöl, Salz und Pfeffer verrühren. Die Auberginenscheiben mit Küchenpapier trocken tupfen und mit dem Knoblauchöl bepinseln. Portionsweise auf einem Backblech verteilen und auf jeder Seite 8 Min. grillen.

In der Zwischenzeit eine feuerfeste Form mit den Knoblauchhälften ausreiben und mit etwas Olivenöl einfetten. Die Paprikastreifen im restlichen Olivenöl anbraten. Sobald sie weich sind, mit Salz und Pfeffer würzen.

Auberginenscheiben und Paprikastreifen abwechselnd in die Form schichten, mit Zitronensaft beträufeln, mit den fein geschnittenen Kräutern bestreuen und abkühlen lassen.

Sautierte Auberginen auf Spaghetti

Für 4 Personen
Zubereitung und Kochzeit: 55 Min.
+ 30 Min. Entwässerungszeit

Zutaten

400 g Auberginen
grobes Meersalz
2 Knoblauchzehen
3 EL Olivenöl
2 EL gehackte, glatte Petersilie
500 g Spaghetti
Salz, Pfeffer

Zubereitung

Die Auberginen waschen, vom Stielansatz befreien und in kleine Stücke schneiden. Mit grobem Salz bestreuen, 30 Min. Wasser ziehen lassen und mit Küchenpapier trocken tupfen. Den Knoblauch schälen und grob hacken.

Wasser in einem großen Topf zum Kochen bringen und salzen. Olivenöl in einer großen Pfanne erhitzen. Auberginen und Knoblauch darin in etwa 15 Min. goldbraun braten. Dabei gelegentlich umrühren. Mit Salz und Pfeffer abschmecken und mit der Petersilie bestreuen.

Die Spaghetti nach Packungsanweisung im Salzwasser bissfest garen. Abgießen, abtropfen lassen und in eine Schüssel füllen. Die Auberginen darauf anrichten und alles sofort servieren.

Panierte Auberginenscheiben

Für 4 Personen
Zubereitung und Kochzeit: 35 Min.
+ 30 Min. Entwässerungszeit + 1 Std. Ruhezeit

Zutaten

2 violette Auberginen (z.B. Violetta di Firenze)
Salz, Pfeffer
2 Eier
2 EL Mehl
4 EL Paniermehl
Öl zum Frittieren

Zubereitung

Die Auberginen waschen, vom Stielansatz befreien und der Länge nach in etwa 5 mm dicke Scheiben schneiden. Mit Salz bestreuen, 30 Min. Wasser ziehen lassen und anschließend sorgfältig trocken tupfen. Die Eier in einem tiefen Teller verquirlen und mit Salz und Pfeffer würzen.

Mehl und Paniermehl ebenfalls auf tiefe Teller verteilen. Die Auberginenscheiben einzeln zunächst im Mehl wenden, danach durch die Eimischung ziehen und zum Schluss im Paniermehl wenden.

Die Scheiben auf ein großes Küchenbrett legen und 1 Std. kühl stellen.

Öl in einer großen Sauteuse erhitzen und die Auberginenscheiben darin portionsweise auf jeder Seite 3 Min. frittieren. Fertige Scheiben in eine feuerfeste Form legen und bis zum Servieren im 150 °C heißen Backofen warm halten. *Verfeinern Sie die Auberginenscheiben vor dem Frittieren mit Gewürzen, z.B. mit 5-Gewürze-Pulver, Ingwer oder Chili.*

Eingelegte Auberginen mit Knoblauch und Minze

Für 6 Personen
Zubereitung und Kochzeit: 1 Std.
+ 6 Std. Ruhezeit

Zutaten

5 Knoblauchzehen
4 braune Schalotten
600 ml Weinessig
8 frische Minzeblätter
1 Zweig Rosmarin
6 weiße Auberginen (z.B. Weiße Ovale)
Olivenöl
Salz, Pfeffer
1 Msp. getrockneter Oregano

Zubereitung

Knoblauch und Schalotten schälen, die Knoblauchzehen mit einem spitzen Messer einstechen. 1 l Wasser mit Essig, Knoblauch, Schalotten, 6 Minzeblättern und Rosmarin zum Kochen bringen. 20 Min. köcheln lassen.

Inzwischen die Auberginen waschen, vom Stielansatz befreien, der Länge nach vierteln und die Viertel je nach Größe halbieren oder dritteln. Die Essigmischung erneut aufkochen lassen und die Auberginen 10 Min. darin kochen. Mit einem Schaumlöffel herausheben und in einer Schüssel mit Olivenöl übergießen. Den Knoblauch dazugeben, mit Salz und Pfeffer würzen und das Ganze gut vermengen. Oregano untermischen. Restliche Minze fein hacken und darüberstreuen. Die Auberginen vor dem Servieren 6 Std. bei Zimmertemperatur ruhen lassen.

Auberginengratin mit Ziegenfrischkäse

Für 6 Personen
Zubereitung und Kochzeit: 1 Std. 20 Min.
+ 30 Min. Entwässerungszeit

Zutaten

2 Auberginen (z.B. Violetta di Firenze)
Salz
6 Kartoffeln (z.B. Œil de Perdrix)
2 Knoblauchzehen
2 große süße Zwiebeln
(z.B. Cevennen-Zwiebeln)
4 große Andenhorn-Tomaten
3 weiße Zucchini
250 g Ziegenfrischkäse (z.B. Tomme de chèvre)
Olivenöl
Pfeffer
Butter
150 g Parmesan, gerieben
fein geschnittenes Basilikum

Zubereitung

Die Auberginen waschen, vom Stielansatz befreien und in 3 mm dicke Scheiben schneiden. Mit Salz bestreuen und 30 Min. Wasser ziehen lassen. Die ungeschälten Kartoffeln 10 Min. kochen, kurz abkühlen lassen, schälen und in Scheiben schneiden.

Den Backofen auf 220 °C vorheizen.

Knoblauch und Zwiebeln schälen und hacken. Die Tomaten enthäuten, entkernen und das Fruchtfleisch fein würfeln. Die Zucchini waschen und in 3 mm dicke Scheiben schneiden. Olivenöl in einer Pfanne erhitzen und die Zwiebeln darin glasig schwitzen. Tomaten, Knoblauch und Ziegenkäse dazugeben. Leicht salzen und pfeffern und das Ganze 15 Min. köcheln lassen. Die Auberginen trocken tupfen.

Eine Auflaufform mit Butter einfetten und nacheinander jeweils eine Schicht Zucchini, Tomatenmischung, Kartoffeln, Tomatenmischung und Auberginen einfüllen. Den Vorgang so lange wiederholen, bis die Zutaten aufgebraucht sind. Mit einer Schicht Auberginen abschließen. Das Basilikum darüber verteilen. Mit Olivenöl beträufeln und mit dem Parmesan bestreuen.

Das Gratin 35–40 Min. auf der mittleren Schiene des Backofens garen. Einen gemischten Salat dazu servieren. *Das Gratin nach Belieben mit 1 Prise gemahlenem Ingwer verfeinern.*

Auberginenauflauf mit Ananastomaten

(auf dem Foto links)
Für 6 Personen
Zubereitung und Kochzeit: 1 Std. 40 Min.
+ 30 Min. Entwässerungszeit

Zutaten

3 Knoblauchzehen
5 EL Olivenöl
Salz, Pfeffer
1 Prise getrockneter Oregano
5 Auberginen (z.B. Violetta di Firenze,
Diamond oder Thai Long Green)
4 Ananastomaten
1 Bund Basilikum, fein geschnitten
300 g Mozzarella, in Scheiben geschnitten

Zubereitung

Den Knoblauch schälen. 1 Zehe zerdrücken, die restlichen fein hacken. Olivenöl mit der zerdrückten Knoblauchzehe, Salz, Pfeffer und Oregano verrühren.
Den Backofen auf 220 °C vorheizen.
Die Auberginen waschen, vom Stielansatz befreien und der Länge nach in gleichmäßige Scheiben schneiden. Mit Salz bestreuen und 30 Min. Wasser ziehen lassen. Die Tomaten enthäuten und in dickere Scheiben schneiden.
Die Auberginen mit Küchenpapier trocken tupfen, mit dem aromatisierten Öl bepinseln und in einer Pfanne in kleinen Portionen auf jeder Seite in 3–4 Min. goldbraun braten. Eine Auflaufform mit dem aromatisierten Öl einfetten. Eine Schicht Auberginenscheiben einfüllen und mit Knoblauch und Basilikum bestreuen. Eine Schicht Tomatenscheiben darauf verteilen, mit Salz und Pfeffer würzen und mit Mozzarellascheiben bedecken. Den Mozzarella mit Pfeffer würzen. Den Vorgang so lange wiederholen, bis sämtliche Zutaten aufgebraucht sind. Den Abschluss sollten Tomaten- und Mozzarellascheiben bilden.
Den Auflauf etwa 35 Min. im Backofen garen. Mit Basilikumblättern garnieren.

Die Tomate

Lycopersicon esculentum

Familie der Nachtschattengewächse (Solanaceae)

Die Ananastomate

Eine herrliche Sorte mit gelber oder roter Schale und säuerlichem Geschmack. Die relativ große Frucht (300 g bis zu 1 kg) enthält nur wenige Kerne. Besonders dekorativ sieht es aus, wenn man sie waagrecht aufschneidet, dann sieht sie fast aus wie eine Ananas (daher auch der Name). Die Aussaat dieser mittelfrühen Sorte erfolgt im Februar/März (in Töpfen); sobald keine Fröste mehr zu erwarten sind, werden die Pflanzen ausgepflanzt; Erntezeit im Sommer.

Sie erinnert ein wenig an ein rot glühendes Gestirn, einen leuchtenden, energiegeladenen Ball … Da gibt es rote Zwerge neben mittelgroßen gelben oder riesigen roten Früchten, man findet sogar grüne, orangefarbene und schwarze Exemplare.

Die Bezeichnung Tomate ist vom aztekischen *xitomatl* abgeleitet. Die Italiener nennen sie »Goldapfel« (*pomodoro*) – ein Name, den man neben »Paradiesapfel« – oder »Paradeiser« wie man in Österreich sagt – auch hierzulande gelegentlich hören kann.

VERGESSEN – WIEDERENTDECKT In Vergessenheit geraten ist die Tomate beileibe nicht. Nimmt sie doch ein Drittel der Gemüseanbauflächen ein und rangiert damit an dritter Stelle hinter der Kartoffel und der Süßkartoffel. Pro Jahr werden 100 Millionen Tonnen der roten Frucht produziert. Allerdings hat man sich bislang lediglich auf einige wenige Sorten beschränkt, die häufig zu Tomatenmark, Ketchup oder Tomatensaft verarbeitet werden. Daneben gibt es aber noch Dutzende alter Sorten zu entdecken.

HERKUNFT Die Tomate stammt ursprünglich aus den Anden (Kolumbien, Ecuador, Peru, Bolivien, Chile). Neben *Lycopersicon esculentum* gibt es noch neun weitere wild wachsende Arten. Nach Europa gelangte sie im 16. Jahrhundert. Erstmals erwähnt wurde sie 1544 von dem italienischen Botaniker Pietro Andrea Mattioli. Der französische Agronom Olivier de Serres ordnete sie im Jahr 1600 den Zierpflanzen zu. Das Wort *Lycopersicon* bedeutet so viel wie »Wolfspfirsich«. Glaubte man damals doch, die Frucht sei giftig.

ANBAU Die Tomate bevorzugt ein warmes Klima und braucht zum Reifen viel Sonne. Temperaturen unter 2 °C verträgt sie nicht.

LAGERUNG Tomaten nicht im Kühlschrank aufbewahren, sie büßen sonst an Geschmack ein.

Man kann sie auch im eigenen Saft einlegen oder, wie es am Mittelmeer Tradition ist, in der Sonne trocknen.

SORTEN 1856 waren im Samenkatalog des französischen Saatgutherstellers Vilmorin-Andrieux sieben Varietäten aufgeführt. Heute gibt es mehr als 2000 in einer enormen Formenvielfalt. Weitere Klassifikationsmerkmale sind die Größe (von der Kirschtomate bis zur Riesenfrucht) und die Farbe (weiß, gelb, schwarz, orange, rosa, rot, grün, violett, gestreift etc.), die Konsistenz des Fruchtfleischs und die Reifezeit (früh, mittel, spät). Zu den alten oder besonders empfehlenswerten Sorten zählen unter anderem die Fleischtomaten Marmande und Super-Marmande, die Ananastomate, die Riesenfleischtomate Beefmaster, das Andenhorn, die stark gerippte Ochsenherz-Tomate, die fleischige Montfavet-Tomate, die orange Delice d'Or, die grüne Evergreen, die amerikanische Green Pineapple, die Sorte Green Zebra, die Johannisbeertomate, die Sorte Gregoris Altai, die weiße Große Blanche, die gelbe Sankt-Vinzenz-Tomate, die Sorten Fantasio, Fournaise und Perestroika, die orange Ida Gold, die Schwarze Krim-Tomate, die gelbe Pfirsichtomate, die gelbe Buschtomate Yellow Canary, die eiförmige italienische Roma u.v.m.

VERWENDUNG Die Tomate ist die wohl wichtigste Frucht in der Küche. Sie wird roh mit Salz oder als Salat gegessen und auf unterschiedlichste Weise gekocht und zubereitet: sautiert, gefüllt, als Sauce etc.

ERNÄHRUNGSPHYSIOLOGISCHE EIGENSCHAFTEN
Die erfrischende, appetitanregende Frucht besteht zu 95 Prozent aus Wasser. Tomaten sind reich an Provitamin A (Carotin) und enthalten sehr viel Vitamin C, E, B und K sowie Spurenelemente (Kalium, Phosphor, Calcium, Magnesium).

Andenhorn

Diese ungewöhnliche große karmesinrote Tomate ähnelt einer Paprika- oder Chilischote. Ihr intensiver Geschmack und ihr herrliches Aroma machen sie zu einer wahren Delikatesse. Große (bis zu 18 cm lange), spitz zulaufende und unregelmäßig geformte Früchte mit festem, nicht sehr saftigem Fruchtfleisch, das beim Kochen nicht zerfällt. Aussaat im Frühjahr in Töpfen oder Anzuchtkästen; Ernte im Sommer. Die Sorte ist anfällig für Mehltau.

Schwarze Krim-Tomate

Wie der Name vermuten lässt, wurde diese Sorte in der Ukraine »erfunden«. Die Farbe der reifen Frucht tendiert ins Violette. Hübsche runde Form, kompaktes, festes, tiefrotes Fruchtfleisch. Bei Kindern ist die Krim-Tomate wegen ihrer Süße beliebt. Die außerordentlich ertragstarke (bis zu 4 kg Tomaten pro Pflanze), relativ frühe Sorte wird im März in Anzuchtkästen ausgesät; Erntezeit ist im Sommer.

Gelbe Sankt-Vinzenz-Tomate

Diese Tomate zieht im Gemüsegarten die Blicke auf sich. Trägt sie doch Früchte in allen Farben und Formen. Sankt-Vinzenz-Tomaten wiegen zwischen 150 und 250 g und haben ein saftiges Fruchtfleisch mit süßsäuerlichem Geschmack. Die Sorte ist besonders zum Rohverzehr und für Salate geeignet. Die Aussaat der mittelfrühen Sorte erfolgt im März/April (in Anzuchtkästen oder in Töpfen); 4–5 Monate nach der Aussaat sind die Früchte erntereif.

Green Zebra

Diese herrliche grüne, gelb geflammte Varietät stammt aus Peru. Ihr Geschmack ist zugleich süß und leicht würzig oder zitronenartig. Wegen ihrer dicken Schale wird sie meist zu Püree und Konserven verarbeitet. Aussaat von Februar bis Mai in Töpfen oder Anzuchtkästen; Ernte von Mitte Mai bis Ende September.

Red Zebra

Nicht minder verführerisch wie ihre grüne Verwandte ist die Red Zebra, eine ertragstarke, krankheitsresistente Spätsorte. Die kleinen, runden, etwa 100 g schweren Früchte, die an bis zu 1,80 m hohen Pflanzen wachsen, sind zunächst grün. Erst wenn sie reif sind, tragen sie ein rotes, schwarz geflammtes Kleid. Aussaat im Frühjahr in Saatlöchern; anschließend Auspflanzung; Ernte im Spätsommer.

White Wonder

Das »weiße Wunder«, wie der englische Name übersetzt lautet, hat eine zarte weiße, blassgrüne oder -gelbe Schale. Eine besonders süße Sorte, die Salate nicht nur optisch aufwertet. Aussaat im Frühjahr in Anzuchtkästen; anschließend Auspflanzung; Ernte im Sommer.

Ochsenherz

Eine alte Sorte, die gerade eine Renaissance erlebt. Die große Nachfrage hat allerdings dazu geführt, dass man die Sorte teilweise in großem Stil anbaut – und das geht natürlich auf Kosten der Qualität. Die großen (300–700 g), fast kernlosen Früchte mit der karminroten Schale haben einen angenehm süßen Geschmack. Aussaat im März/April; Ernte von Juli bis Ende Oktober.

Tomaten mit Ricotta-Füllung

(auf dem Foto rechts)
Für 6 Personen
Zubereitung und Kochzeit: 1 Std. 20 Min.

Zutaten

12 Tomaten (z.B. Green Zebra und
Krim-Tomaten)
Salz
2 Stängel Basilikum
2 Knoblauchzehen
2 EL geriebener Parmesan
Olivenöl
Pfeffer
200 g Ricotta

Zubereitung

Die Tomaten waschen und jeweils einen Deckel
abschneiden. Das Fruchtfleisch bis auf 3 mm
herauslösen, die Tomaten innen mit Salz bestreu-
en und umgedreht 30 Min. entwässern. Den
Backofen auf 220 °C vorheizen.

Inzwischen die Füllung zubereiten: 6 Basilikumblätter waschen und trocken tupfen. Den Knoblauch schälen und beides im Mörser zerreiben.
Den Parmesan und 2 EL Olivenöl unterrühren.
Mit Pfeffer würzen.

Ricotta mit einer Gabel zerdrücken und unter
die Basilikummischung mengen. Gegebenenfalls
noch etwas Olivenöl und Salz hinzufügen.

Die Tomaten damit füllen und die Deckel
auflegen. Nebeneinander in eine mit Öl ein-
gefettete Auflaufform setzen und etwa 40 Min.
im Backofen garen.

Die Tomaten vor dem Servieren mit Basilikumblättern garnieren und einen Salat aus jungem
Blattgemüse der Saison dazu reichen.

Tomatenkonfitüre mit Vanille

Zubereitung und Kochzeit: 2 Std. 30 Min.

Zutaten

2 kg rote Tomaten (z.B. Andenhorn oder
Ochsenherz)
1,5 kg Kristallzucker
1 Vanilleschote, der Länge nach aufgeschlitzt

Zubereitung

Die Tomaten enthäuten, halbieren und entkernen. Das Fruchtfleisch pürieren. Das Püree
gemeinsam mit dem Zucker und der Vanille-

schote in einem Marmeladentopf zum Kochen bringen. 2 Std. offen köcheln lassen und dabei regelmäßig umrühren. Sobald die Konfitüre eindickt, die Vanilleschote herausnehmen und die Konfitüre in sterilisierte Schraubgläser füllen. Die Gläser sofort verschließen und an einem lichtgeschützten Platz aufbewahren.

Krimtomatensalat mit Ingwer

Für 4 Personen
Zubereitung: 15 Min.

Zutaten

5–6 schwarze Krimtomaten
1 weiße Zwiebel
½ Knoblauchzehe
Salz
Pfeffer
1 Msp. gemahlener Ingwer
1 Prise Cayennepfeffer
Olivenöl
frische Basilikumblätter

Zubereitung

Die Tomaten waschen, in Scheiben schneiden und in eine Salatschüssel füllen. Zwiebel und Knoblauch schälen, fein schneiden und zu den Tomaten geben.
Sparsam salzen und mit Pfeffer, Ingwer und Cayennepfeffer würzen. Großzügig mit Olivenöl beträufeln und durchmischen.
Mit Basilikumblättern garnieren und servieren.

Geschmortes Sommergemüse mit weißen Tomaten

Für 6 Personen
Zubereitung und Kochzeit: 1 Std.

Zutaten

4 weiße Tomaten (z.B. White Wonder)
2 Auberginen (z.B. Violetta di Firenze)
3 gelbe Zucchini
2 rote Paprikaschoten
2 milde Zwiebeln
Olivenöl
5 Knoblauchzehen
1 Zweig Thymian
Salz, Pfeffer
je 1 Stängel Petersilie und Basilikum, grob gehackt

Zubereitung

Die Tomaten enthäuten und vierteln. Das restliche Gemüse waschen, putzen und in Stücke schneiden. Die Zwiebeln schälen und fein schneiden.
Olivenöl in einem Schmortopf mit dickem Boden erhitzen und die Zwiebeln darin glasig schwitzen. Das Gemüse, die ungeschälten Knoblauchzehen und den Thymian dazugeben. Mit Salz und Pfeffer würzen.
Das Gemüse 35–40 Minuten schmoren lassen, bis es weich, aber nicht zerfallen ist. Petersilie und Basilikum hinzufügen und heiß oder kalt servieren.
Damit der Eigengeschmack der verschiedenen Gemüse erhalten bleibt, können sie auch getrennt gegart werden. Das Gericht schmeckt dann allerdings anders.

Bunter Tomatensalat mit Auberginen

Für 6 Personen
Zubereitung und Kochzeit: 25 Min.

Zutaten

1 weiße Aubergine (z.B. Dourga, Bianca)
1 rosa Aubergine (z.B. Rosa Bianca)
1 violette Aubergine (z.B. Diamond)
1 grüne Tomate (z.B. Green Zebra oder Green Velvet)
2 milde Zwiebeln
1 schwarze Krimtomate
1 rote Tomate (z.B. Andenhorn oder Ochsenherz)
1 gelborange Tomate (z.B. Ananastomate oder Tangerine)
glatte Petersilie, gehackt
6 Minzeblätter, gehackt
600 g Vollmilchjoghurt
4 EL Olivenöl
½ Knoblauchzehe, durchgepresst
1 Msp. edelsüßes Paprikapulver
1 Msp. gemahlener Kreuzkümmel
Salz, Pfeffer
Kopfsalatblätter
Sardellenfilets (nach Belieben)

Zubereitung

Die Auberginen waschen, vom Stielansatz befreien und in Stücke schneiden. 15 Min. dämpfen, dann abkühlen lassen.

Inzwischen die Zwiebeln schälen und fein hacken. Die Tomaten enthäuten, entkernen und das Fruchtfleisch würfeln.
In einer großen Schüssel Kräuter, Joghurt, Olivenöl, Knoblauch, Gewürze, Salz und Pfeffer verrühren. Alle Gemüsesorten dazugeben und das Ganze vorsichtig durchmischen.
Den Salat auf einem Bett aus Salatblättern anrichten und nach Belieben mit einigen Sardellenfilets garnieren.
Sie können für diesen Salat selbstverständlich auch jede andere Tomaten- und Auberginensorte verwenden, die Sie auf dem Markt bekommen. Worauf es hier ankommt, ist die farbliche und geschmackliche Mischung.

Eingelegte grüne Tomaten

Zubereitung: 40 Min. + 24 Std. Ziehzeit
+ 1 Monat Ruhezeit

Zutaten

2 kg kleine grüne Tomaten
1 großes Bund Frühlingszwiebeln
6 kleine Chilischoten
6 Zweige Estragon
2 l Weißweinessig
Korianderblätter
Pfeffer

Zubereitung

Die Tomaten 2 Min. in reichlich kochendem Wasser blanchieren, abtropfen lassen und auf große Einmachgläser verteilen.
Die Zwiebeln schälen und zusammen mit den Chilischoten und den Estragonzweigen auf die Gläser verteilen.
Den Essig 5 Min. kochen lassen, dann über die Tomaten gießen. Die Gläser verschließen und die Tomaten 24 Std. durchziehen lassen.
Am nächsten Tag den Essig in einen Topf abgießen, erneut aufkochen und abkühlen lassen.
Den kalten Essig auf die Gläser verteilen. Ein paar Korianderblätter dazugeben und mit Pfeffer würzen. Die Tomaten wieder einlegen. Die Gläser luftdicht verschließen und die Tomaten mindestens 1 Monat ruhen lassen.

Rezepte

Crostini mit Tomaten

Für 6 Personen
Zubereitung und Kochzeit: 25 Min.

Zutaten

6 mittelgroße Tomaten (z.B. Andenhorn)
2 Knoblauchzehen
12 Basilikumblätter
3 EL Olivenöl
Salz, Pfeffer
6 große Scheiben Landbrot
300 g Mozzarella, in Scheiben geschnitten
Salz, Pfeffer

Zubereitung

Den Backofengrill vorheizen.
Die Tomaten waschen und in dicke Scheiben schneiden. Den Knoblauch schälen, 1 Zehe durchpressen, die andere halbieren. Das Basilikum waschen, trockenschleudern und 6 Blätter fein hacken. In einer kleinen Schüssel Olivenöl mit Salz, Pfeffer, der durchgepressten Knoblauchzehe und den gehackten Basilikumblättern verrühren.
Das Brot toasten oder 2 Min. unter dem Backofengrill rösten und mit der zweiten Knoblauchzehe einreiben. Mit dem Basilikumöl bepinseln, mit Tomaten- und Mozzarellascheiben belegen und mit Pfeffer bestreuen.
Die Crostini unter dem Backofengrill rösten, bis der Käse leicht gebräunt ist. Mit den restlichen Basilikumblättern garnieren und heiß servieren. Dazu passt ein Rucolasalat mit geräucherter Entenbrust.

Tomaten-Hackfleisch-Gratin

Für 6 Personen
Zubereitung und Kochzeit: 1 Std. 10 Min.

Zutaten

1,5 kg Fleischtomaten (z.B. Ochsenherz)
2 Zwiebeln
Olivenöl
200 g Wurstbrät
300 g Rinderhackfleisch
Kräuter der Provence
3 Zweige Thymian
Salz, Pfeffer
200 g Käse, gerieben

Zubereitung

Den Backofen auf 200 °C vorheizen.
2 Tomaten enthäuten, entkernen und das Fruchtfleisch klein schneiden. Die Zwiebeln schälen, fein schneiden und in etwas heißem Olivenöl anschwitzen.
Das Wurstbrät einige Minuten in einer Sauteuse anbraten, bis es seine Flüssigkeit vollständig abgegeben hat. Das Hackfleisch mit 1 EL Olivenöl dazugeben, bei starker Hitze anbraten und 10 Min. unter häufigem Rühren braten. Die Tomatenstücke hinzufügen. Sobald sie weich sind, Zwiebeln, Kräuter der Provence und den Thymian dazugeben. Mit Salz und Pfeffer würzen.
Inzwischen die restlichen Tomaten waschen und in dicke Scheiben schneiden. Die Hälfte der Tomatenscheiben in einer mit Öl eingefetteten Auflaufform verteilen, mit der Fleischmischung bedecken und mit Käse bestreuen. Mit den restlichen Tomatenscheiben belegen, mit Pfeffer würzen und den restlichen Käse darüberstreuen.
Das Gratin 30–40 Min. auf der mittleren Schiene des Backofens garen. Nudeln, Reis oder Polenta dazu servieren.

Tomaten-Crumble

Für 6 Personen
Zubereitung und Backzeit: 1 Std. 15 Min.

Zutaten

Basilikumblätter
Petersilie
Schnittlauch
Olivenöl
6 Fleischtomaten (z.B. Ochsenherz)
2 Zwiebeln
2 Knoblauchzehen
Salz, Pfeffer
200 g Mehl
100 g Parmesan, gerieben
150 g kalte Butter in kleinen Stücken

Zubereitung

Den Backofen auf 200 °C vorheizen.
Die Kräuter waschen, trockenschleudern und fein hacken. Mit 3 EL Olivenöl verrühren.
Die Tomaten waschen, vom Stielansatz befreien und grob würfeln; gegebenenfalls die Kerne entfernen.

Die Zwiebeln und 1 Knoblauchzehe schälen und hacken. Das Kräuteröl erhitzen und beides darin anschwitzen. Die Tomaten dazugeben und mit Salz und Pfeffer würzen. Wenn die Tomaten sehr viel Flüssigkeit abgeben, die Wärmezufuhr erhöhen.
Für den Streuselteig das Mehl mit dem Parmesan und 1 Prise Salz mischen. Die Butter mit den Fingerspitzen einkneten, bis ein krümeliger Teig entstanden ist.
Eine Auflaufform mit der zweiten Knoblauchzehe ausreiben. Die Tomaten einfüllen, den Teig darüber verteilen und den Crumble 35–40 Min. im Backofen garen, bis der Teig knusprig ist.
Dazu passt helles Fleisch oder Geflügel.
Den Teig noch mit etwas getrocknetem Thymian verfeinern. 50 g Mehl durch 70 g Paniermehl, gemahlene Haselnüsse oder Mandeln ersetzen. Statt mit Tomaten kann der Crumble auch mit Zucchini oder Auberginen zubereitet werden.

Tiramisu mit dreierlei Tomaten

Für 6 Personen
Zubereitung: 15 Min. + 1 Std. Kühlzeit

Zutaten

250 g Mascarpone
250 g Sahne
Salz, Pfeffer
2 gelbe Tomaten (z.B. Sankt Vinzenz)
2 grüne Tomaten (z.B. Green Zebra)
6 konfierte Tomatenstücke*
Parmesan, in Späne gehobelt

Zubereitung

Den Mascarpone in einer Schüssel mit Sahne, 2 Prisen Salz und Pfeffer leicht schaumig schlagen. Kühl stellen.
Die Tomaten waschen und nach Farben getrennt in kleine Würfel schneiden. Die konfierten Tomaten auf 6 große Gläser verteilen und 1 cm hoch mit Mascarpone bedecken. Eine 1–2 cm dicke Schicht grüne Tomatenwürfel daraufgeben, wiederum mit Mascarpone bedecken und die gelben Tomatenwürfel darauf verteilen. Mit einer Mascarponeschicht abschließen. Das Tiramisu mit Parmesanspänen garnieren und vor dem Servieren mindestens 1 Std. kühl stellen.
Diese Vorspeise kann bereits am Vortag zubereitet werden. Wer Kalorien sparen möchte, kann die Sahne auch durch Joghurt ersetzen.

Tomatentarte mit Ziegenkäse

(auf dem Foto links)
Für 6 Personen
Zubereitung und Backzeit: 50 Min.

Zutaten

Butter
Mehl
1 Rolle backfertiger Blätterteig
1 junge Zwiebel
Dijon-Senf
1 Rolle Ziegenweichkäse (z. B. Bûche de chèvre*),
in dünne Scheiben geschnitten
2–3 Ananastomaten
Pfeffer
Kräuter der Provence
Olivenöl

Zubereitung

Den Backofen auf 220 °C vorheizen.
Eine Tarteform mit Butter einfetten und mit
Mehl ausstäuben. Die Form mit Blätterteig
auskleiden. Den Boden mehrfach mit einer
Gabel einstechen.
Die Zwiebel schälen und fein würfeln. Den
Tarteboden mit Senf bestreichen und mit Käsescheiben belegen (einige Scheiben zum Garnieren aufheben). Die Zwiebelwürfel darauf
verteilen. Die Tomaten waschen, trockenreiben
und in relativ dicke Scheiben schneiden. Ro-
settenförmig auf den Zwiebeln anordnen und
mit Pfeffer bestreuen.
Die Tarte mit den restlichen Käsescheiben
garnieren, mit Kräutern der Provence bestreuen
und 30–35 Min. backen. Mit etwas Olivenöl
beträufeln und heiß, lauwarm oder kalt mit
einem grünen Salat servieren.
*Wenn Sie andere Tomatensorten verwenden,
möglichst fleischige Früchte nehmen oder die Tomaten entkernen, mit Salz bestreuen und
30 Min. entwässern. So kann der Teig nicht durch-
weichen.*
*Der Ziegenkäse kann auch durch einen anderen
Käse ersetzt werden. Etwa durch einen Blau-
schimmelkäse (die Tarte dann heiß servieren).
Vorzügliche, wenn auch ganz andere Resultate er-
zielt man auch mit einem Tomme de chèvre*,
einem Rocamadour* und selbstverständlich mit
einem weichen Crottin de Chavignol*.*
*Statt der Kräuter der Provence eignen sich auch
frisches Basilikum, getrockneter Oregano und frischer Thymian.*

Sommer, Herbst und Winter

Das Geheimnis der Pflanzen
Der Garten – ein Ort der Wahrheit

Die Wahrheit liegt im Geheimnis der Keimung, der aufsteigenden Säfte, in der Blüte, in der Entwicklung der Früchte und Samen, im Anschwellen der Wurzeln oder Knollen. Das Leben erfreut sich am Mysterium der Energien, die von einem Lebewesen auf das nächste überspringen, an den flüchtigen Sinnenfreuden (für den, der sie wahrzunehmen weiß) – einem Duft, einer Textur, einem Hauch von Bitterkeit, einer wohltuenden Süße, am Genuss einer Mahlzeit mit vergessenem und wiederentdecktem Gemüse im Kreise von Freunden …

Ein Gemüsegarten ist wie ein offenes Buch. Die Schönheit spielt dabei keine Rolle. Solange sich Sonne und Regen das Gleichgewicht halten (da ist es wieder, das Schreckgespenst des Klimawandels!) fühlen sich die Pflanzen in jedem Garten wohl. Wie gut es ihnen geht, spiegelt sich in der Kraft ihrer Stiele, in der Farbe ihrer Blätter, in den prall gefüllten Knospen wider. Man erkennt es an ihrem Aroma, am Duft ihrer Blüten, am Geruch der ätherischen Öle, den sie verströmen.

Freunde des Gemüses, vergessen wir nie, dass auch unser Körper, unser Seelenleben und unsere Träume und alles, was uns umgibt, vom Kreislauf der Jahreszeiten beeinflusst werden. Tun wir es der Tomate und der Aubergine gleich: Steigen wir von unserem hohen Ross und reihen uns ins harmonische Gefüge des Lebens ein!

Die Kartoffel

Solanum tuberosum

Familie der Nachtschattengewächse (Solanaceae)

Die Vitelotte

Diese ursprünglich aus Peru stammende Varietät wird heute vorwiegend in Frankreich kultiviert. Das feste violette, mitunter hell marmorierte Fruchtfleisch, das sich unter einer dunkelvioletten Schale verbirgt, hat einen süßlichen Geschmack mit leichter Kastanien- und Haselnussnote und lässt die Kartoffel in jeder Zubereitungsform zu einem Hochgenuss werden.

Im Quechua, der Sprache der Inkas, heißt die Kartoffel papa. Ihre Vorfahren kultivierten sie mindestens 1000 Jahre vor unserer Zeitrechnung in den Anden. 1533 wurde sie erstmals in einer spanischen Quelle beschrieben.

Der Name *tartoffel*, so hieß die Kartoffel noch bis zum 17. Jahrhundert, leitete sich vom italienischen *tartuficolo*, Erdknolle (gemeint war damit eigentlich die Trüffel), ab. Erdapfel und Grumbeere sind andere, vor allem in Süddeutschland gebräuchliche Namen.

VERGESSEN – WIEDERENTDECKT Seit die Kartoffel weltweit angebaut wird, ist sie zum wichtigsten Nahrungsmittel der Menschheit geworden und hat sich zu einem regelrechten Industrieprodukt entwickelt. Nur wenige der zahllosen alten Sorten genügen – was Form, Textur und Erträge betrifft – den Ansprüchen der Großerzeuger von Tiefkühl-Pommes-frites und Fertigpürees. Der wachsenden Nachfrage nach Bioprodukten, ihren geschmacklichen Vorzügen und ihrer natürlichen Resistenz gegen Schädlinge wie Mehltau und Kartoffelkäfer ist es zu verdanken, dass die alten Sorten heute wieder auf unseren Tisch kommen.

HERKUNFT Nach Europa gelangte die Kartoffel im 16. Jahrhundert, zunächst nach Spanien und von dort nach Italien und Frankreich. In Deutschland wurde sie erst im 17. Jahrhundert eingeführt, und es sollte sogar noch bis Mitte des 18. Jahrhunderts dauern, bis sich die Pflanze, die man ursprünglich für eine Zierpflanze hielt, als Gemüse durchsetzte. Zu verdanken war dies keinem Geringeren als Friedrich dem Großen.

ANBAU Die in der Regel vorgekeimten Knollen werden zwischen März und Mai gepflanzt, wenn keine Fröste mehr zu erwarten sind. Damit sich Wurzeln und Knollen entwickeln können, häuft man, sobald die Triebe eine Höhe von 25 cm erreicht haben, Dämme an.

60–100 Tage nach dem Pflanzen, wenn Blüten und Blätter verwelken, können die Knollen geerntet werden.

LAGERUNG Kartoffeln sollten auf Holzrosten in kühlen, trockenen, gut durchlüfteten und vor allem lichtgeschützten Räumen gelagert werden. Denn bei Lichteinwirkung bildet das Gemüse den Giftstoff Solanin, und die Kartoffel bekommt grüne Stellen. Diese müssen stets ausgeschnitten werden, am besten sollten die betroffenen Exemplare gar nicht gegessen werden.

SORTEN Zu den ältesten französischen Sorten zählen die Belle de Fontenay, Bintje, Bonnotte de Noirmoutier (jodartiges Aroma; wird mit Schale verzehrt), Institut de Beauvais, Jersey Royal, Œil de Perdrix (eine rosafarbene Kartoffel mit dunkelroten »Augen«; nach Ansicht vieler Gastronomen eine der besten), La Ratte, Negresse (schwarze Schale, violettes Fruchtfleisch mit weißer Marmorierung), Vitelotte (violette Schale und violettes Fruchtfleisch) etc.

VERWENDUNG Wegen ihres Solaningehalts sind Kartoffeln nicht zum Rohverzehr geeignet. Gekocht lassen sie sich zu Pürees oder Aligot (dicker Kartoffelbrei mit Käse und Knoblauch; eine Spezialität aus der Auvergne), zu Salat, Kroketten, Gratin, Suppen, Bratkartoffeln und vielem mehr verarbeiten. Frittiert kann man sie als Pommes frites oder Chips genießen.

ERNÄHRUNGSPHYSIOLOGISCHE EIGENSCHAFTEN Kartoffeln sind reich an Eisen und anderen Mineralstoffen und enthalten viel Vitamin C und B1. Die Knollen sind ideal zum Abnehmen, denn die in ihnen enthaltene Stärke sorgt dafür, dass sich schnell ein Sättigungsgefühl einstellt. Pommes frites machen übrigens auch nur dick, weil sie sich beim Frittieren mit Fett vollsaugen. Deshalb sollte man Kartoffeln vorzugsweise in kochendem Wasser oder im Backofen garen.

Aligot aus blauen Trüffelkartoffeln

Für 4 Personen
Zubereitung und Kochzeit: 50 Min.

Zutaten

1 kg blaue Trüffelkartoffeln (z.B. Vitelottes)
600 g junger Tomme de Laguiole* (aromatischer Schnittkäse, ersatzweise Greyerzer)
3–4 Knoblauchzehen, geschält
2 EL Crème fraîche
Butter
Salz, Pfeffer

Zubereitung

Die Kartoffeln waschen, in einen Topf mit kaltem Wasser geben, aufkochen lassen und zugedeckt etwa 20 Min. garen. Inzwischen den Käse mit einem scharfen Messer in dünne Scheiben schneiden.

Die Kartoffeln abgießen, schälen und mit einem Kartoffelstampfer zerdrücken. Die Crème fraîche und etwas Butter hinzufügen, den Knoblauch darüberpressen und mit Salz sowie Pfeffer würzen. Die Zutaten mit einem Spatel gut vermengen.

Die Käsescheiben nach und nach dazugeben und so lange rühren, bis der Käse vollständig geschmolzen ist. Das Püree sollte geschmeidig sein und Fäden ziehen.

Noch einmal abschmecken und heiß servieren – das Aligot muss schnell gegessen werden, es kühlt rasch ab. Dazu passen Würste, ein Braten oder einfach ein gemischter Salat.

Aligot ist ein traditionelles Gericht aus der Aubrac, einer Hochebene in der Auvergne. Aus der Milch der Aubrac-Kühe wird der Tomme de Laguiole hergestellt.

Blaue Bratkartoffeln mit Topinambur und Salbei

Für 4 Personen
Zubereitung und Kochzeit: 1 Std.

Zutaten

400 g blaue Trüffelkartoffeln (z.B. Vitelottes)
4 Topinamburs
Zitronensaft
Butter
4 Knoblauchzehen
8 frische Salbeiblätter
1 Lorbeerblatt
Salz, Pfeffer
2 EL Hühnerbrühe

200 g Pancetta oder durchwachsener Räucherspeck, in Scheiben geschnitten

Zubereitung

Die Kartoffeln schälen, waschen, der Länge nach halbieren und trocken tupfen.

Die Topinamburs schälen und in Zitronenwasser legen, damit die Knollen nicht braun werden. 2 Min. in kochendem Salzwasser blanchieren, kalt abschrecken, abtropfen lassen und wie die Kartoffeln halbieren.

Etwas Butter in einem gusseisernen Schmortopf erhitzen. Kartoffeln und Topinambur darin anbraten. Die ungeschälten, halbierten Knoblauchzehen, Salbei und das Lorbeerblatt hinzufügen. Mit Salz und Pfeffer würzen.

Die Brühe zugeben, den Speck auf dem Gemüse verteilen und das Ganze 35–40 Min. zugedeckt schmoren lassen. Um die Garprobe zu machen, die Kartoffeln mit einem Messer einstechen. Den Speck vor dem Servieren entfernen.

Drachenkopffilets mit blauen Kartoffeln

Für 4 Personen
Zubereitung und Kochzeit: 1 Std. 20 Min.

Zutaten

1 Knoblauchzehe, geschält
110 g Butter
500 g blaue Trüffelkartoffeln (z.B. Vitelottes)
2 Karotten
1 kleine Fenchelknolle
2 Schalotten
4 Drachenkopffilets
500 ml trockener Weißwein
1 Zweig Thymian
Salz, Pfeffer
250 g Champignons, in Scheiben geschnitten
5 EL Mehl
Zitronensaft

Zubereitung

Einen feuerfesten Schmortopf mit der Knoblauchzehe ausreiben und großzügig mit Butter einfetten.

Die Kartoffeln schälen und in Scheiben schneiden. Die Karotten schälen und in feine Streifen schneiden. Die Fenchelknolle in Spalten schneiden. Die Schalotten schälen und grob hacken.

Die Fischfilets in einem Topf mit 500 ml Wasser und dem Weißwein übergießen. Schalotten und Thymian hinzufügen, mit Salz und Pfeffer würzen. Aufkochen lassen und die Wärmezufuhr danach sofort verringern. Die Filets vorsichtig wenden und weitere 3 Min. pochieren. Mit einem Schaumlöffel herausheben und in den Schmortopf legen.

Kartoffeln, Karotten, Fenchel und Pilze in den Topf geben. Das Gemüse aufkochen lassen und dann in 15–20 Min. weich garen. Die Kochflüssigkeit abseihen und das Gemüse auf den Fischfilets verteilen.

Den Backofengrill vorheizen.

Eine Roux herstellen. Hierfür die restliche Butter in einer Kasserolle zerlassen und das Mehl mit einem Schneebesen einrühren. So viel Kochflüssigkeit angießen, bis die Sauce die gewünschte Konsistenz hat. Dabei laufend weiter mit dem Schneebesen rühren. Mit Salz, Pfeffer und Zitronensaft abschmecken und die Sauce 1 Min. kochen lassen.

Die Sauce über den Fisch und das Gemüse gießen und das Gericht 15–20 Min. unter dem Backofengrill garen.

Blauer Kartoffelkuchen mit Zitrone

(auf dem Foto links)
Für 6 Personen
Zubereitung, Koch- und Backzeit: 1 Std. 20 Min.

Zutaten

300 g blaue Trüffelkartoffeln (z.B. Vitelottes)
1 unbehandelte Zitrone
4 Eier, getrennt
1 Prise Salz
2 EL Kartoffelstärke
250 g Zucker
Puderzucker zum Bestäuben

Zubereitung

Die Kartoffeln ungeschält 25 Min. in 2 l Wasser kochen.

Den Backofen auf 200 °C vorheizen.

Die Zitrone mit einem kleinen scharfen Messer dünn abschälen und die Schale in feine Streifen schneiden. 1 Min. blanchieren und danach sofort in Eiswasser abschrecken. Abgießen und abtropfen lassen. Die Zitrone auspressen. Die Eiweiße mit einem Handmixer steif schlagen.

Die Kartoffeln kalt abschrecken, schälen und durch die feine Scheibe einer Gemüsemühle drehen oder pürieren. Salz und Eigelbe dazugeben. Das Ganze gründlich mit einem Spatel vermengen. Stärke, Zucker, Zitronensaft sowie -schale unterrühren. Zum Schluss den Eischnee unterziehen.

Eine runde Springform mit 25 cm Durchmesser mit Backpapier auskleiden. Den Teig einfüllen und glattstreichen. Den Kuchen 35–40 Min. auf der mittleren Schiene des Backofens backen. Mit einem Holzstäbchen in die Mitte stechen, um die Garprobe zu machen. Den Kuchen 10 Min. in der Form abkühlen lassen und danach auf eine Platte setzen. Sobald er ausgekühlt ist, dick mit Puderzucker bestäuben.

Der Kuchen schmeckt am besten, wenn man ihn bereits am Vortag bäckt.

Die Cardy

Cynara cardunculus var. cardunculus
Familie der Korbblütler (Asteraceae)

Weißstielige Cardy

Bei den jungen Pflanzen unterscheiden sich die Stiele der weiß- und der grünstieligen Sorten nicht in der Farbe; sie sind stets hellgrün. Mit zunehmender Reife färben sich die Stiele der weißstieligen Variante jedoch sehr bald weiß. Daneben unterscheidet man noch stachlige und stachellose Sorten. Die Aussaat erfolgt im Frühjahr; Ernte ist im Spätherbst.

Ihre wundervollen blauvioletten Blüten ähneln denen der Artischocke. Die großen, stark gezahnten Blätter, die von kräftigen gerippten Stielen getragen werden, muten fast wie Akanthusblätter an.

Der Name Cardy oder Karde leitet sich vom lateinischen *carduus*, Distel, ab, mit der die Pflanze auch verwandt ist. Andere gebräuchliche Namen sind Kardone, Spanische Artischocke oder Gemüseartischocke.

VERGESSEN – WIEDERENTDECKT Während die Artischocke sehr beliebt war, führte ihre Verwandte, die Cardy, lange Zeit in Kloster- und Schrebergärten ein Schattendasein. Nun hält sie jedoch wieder Einzug in die Küchen und begeistert mit ihrer »wilden« Erscheinung und ihrem Geschmack selbst Spitzenköche.

HERKUNFT Die Cardy ist eine Verwandte der Artischocke (*Cynara scolymus*). Die krautige Pflanze stammt aus dem Mittelmeerraum, wo sie wild an Wegrändern wächst. Im Mittelalter wurde sie in Europa häufig angebaut und zählte im *Capitulare de villis*, der Landgüterverordnung von Karl dem Großen, zu den empfohlenen Pflanzen. In Italien und Spanien, aber auch in Argentinien, Australien und Nordamerika war sie stets populär. Auch in Frankreich hatte sie immer eine, wenn auch kleine, Fangemeinde. Gegessen werden nur die langen, dicken Blattstiele, die im Geschmack an die Artischocke, an Stangensellerie und Haferwurzel erinnern.

ANBAU Die Aussaat erfolgt im April/Mai im Gewächshaus oder im Freibeet. Die Keimlinge werden ausgepflanzt, sobald sich die ersten Blätter zeigen und die Temperatur nicht mehr unter 12 °C fällt. Vor der Ernte werden die Pflanzen gebleicht, damit die Stiele schön zart werden. Dazu wird die gesamte Pflanze mit Stroh oder schwarzer Folie umhüllt, und die Spitzen werden abgeschnitten. Erntezeit ist im Herbst.

LAGERUNG Beim Einkauf darauf achten, dass die Stiele fest und knackig, breit und fleischig sind und eine cremeweiße Farbe haben. Zur Aufbewahrung (1–2 Wochen) umwickelt man die Stielenden am besten mit Küchenpapier und legt sie ins Gemüsefach des Kühlschranks. Man kann sie aber auch, wie früher üblich, an einem kühlen Ort mit Sand bedecken.

SORTEN In Deutschland ist die Verwendung von Sortennamen nicht üblich. Auch hierzulande bekannte französische Sorten sind etwa die Cardy von Tours (stachellose Sorte mit fleischigen Stielen), Blanc amélioré oder die stachellosen Sorten Plein blanc inerme (weißstielig) und Vert inerme (grünstielig).

VERWENDUNG Cardy wird wie Spargel und Stangensellerie zubereitet. Sie wird nie roh verzehrt. Gerne serviert man sie in Sahnesauce, als Gratin oder gebraten, in Suppen und Ragouts oder kalt mit einer Vinaigrette oder mit Mayonnaise.

ERNÄHRUNGSPHYSIOLOGISCHE EIGENSCHAFTEN Die kalorienarme (13 Kalorien je 100 g), außerordentlich ballaststoffreiche Cardy ist ein hervorragender Kalium-, Magnesium-, Calcium- und Eisenlieferant und wirkt tonisierend und beruhigend.

Gratinierte Cardy

Für 4 Personen
Zubereitung und Kochzeit: 1 Std. 15 Min.

Zutaten

1,5 kg Cardy
Zitronensaft
Salz
50 g Butter
4 EL Mehl
500 ml Milch
Pfeffer
frisch geriebene Muskatnuss
2 EL Crème fraîche
200 g Raclettekäse, in Scheiben

Zubereitung

Die Blätter der Cardy entfernen. Die Stiele vom Wurzelansatz ablösen, diesen aber nicht wegwerfen. Die Stacheln entfernen und die Stiele je nach Dicke längs halbieren oder dritteln. Den Flaum mit einem Geschirrtuch abreiben und die Stiele gründlich waschen. Anschließend in 3 cm lange Stücke schneiden und sofort in kaltes Zitronenwasser legen, damit sie nicht braun werden. Den Wurzelansatz ebenfalls waschen, in Scheiben schneiden und zu den Stielen geben.

Das Gemüse in einen Topf mit kochendem Salzwasser geben und in etwa 50 Min. weich garen. Abgießen und abtropfen lassen.

Den Backofengrill vorheizen.

Butter in einem Topf zerlassen. Das Mehl darin unter Rühren 1 Min. anschwitzen. Die Milch unter ständigem Rühren mit einem Schneebesen langsam zugießen. Die Sauce gute 5 Min. köcheln lassen. Dabei häufig Rühren. Mit Salz, Pfeffer und Muskatnuss abschmecken. Die Crème fraîche unterrühren.

Die Cardy trocken tupfen und in eine Gratinform füllen. Mit der Béchamelsauce überziehen und umrühren. Den Käse darauf verteilen und das Gemüse etwa 15 Min. im Backofen garen.

Schnelle Variante: Die Cardy nach dem Garen einfach in Butter und Fleischsaft schwenken, mit geriebenem Käse bestreuen und alles kurz vermengen.

Marokkanische Hähnchen-Tajine mit Cardy

Für 6 Personen
Zubereitung und Kochzeit: 2 Std. 10 Min.

Zutaten

Olivenöl
je ½ TL Ingwer- sowie Paprikapulver und Kurkuma
Cayennepfeffer (nach Belieben)
1 Bund Koriandergrün, gehackt
Salz, Pfeffer
6 Hähnchenbrüste
1 kg Cardy
Zitronensaft
4 Kartoffeln
3 Tomaten
2 Zwiebeln
3 Knoblauchzehen
1 Msp. gemahlener Safran
200 g grüne Oliven

Zubereitung

In einer kleinen Schüssel 3 EL Olivenöl mit den Gewürzen, etwas Cayennepfeffer, der Hälfte des Koriandergrüns, Salz und Pfeffer verrühren.

Die Hähnchenbrüste in eine ausreichend große Auflaufform legen und mit dem Öl bedecken.

Die Blätter der Cardy entfernen. Die Stiele vom Wurzelansatz ablösen, diesen aber nicht wegwerfen. Die Stacheln entfernen und die Stiele je nach Dicke längs halbieren oder dritteln. Den Flaum mit einem Geschirrtuch abreiben und die Stiele gründlich waschen. Anschließend in 4–5 cm lange Stücke schneiden und sofort in kaltes Zitronenwasser legen, damit sie nicht braun werden. Den Wurzelansatz ebenfalls waschen, in Scheiben schneiden und zu den Stielen geben.

Die Cardy in einen Topf mit kochendem Salzwasser geben und 30 Min. garen. Abgießen und abtropfen lassen.

Die Kartoffeln schälen, die Tomaten enthäuten und beides in Stücke schneiden. Die Zwiebeln schälen und hacken. Die ungeschälten Knoblauchzehen zerdrücken.

Eine Sauteuse sehr heiß werden lassen, die Hähnchenbrüste darin anbräunen und anschließend in ein Tajine-Gefäß oder einen Schmortopf legen. Die Zwiebeln in der Sauteuse glasig schwitzen. Gemeinsam mit Cardy, Tomaten, Knoblauch und Safran zum Fleisch geben. Mit etwas Zitronensaft beträufeln und 300 ml Wasser angießen. Umrühren, aufkochen lassen und das Gericht zugedeckt etwa 40 Min. bei geringer Hitze köcheln lassen. Dabei laufend prüfen, ob nichts anhängt, eventuell heißes Wasser zufügen. Die Oliven 5 Min. in kochendem Wasser blanchieren und abschrecken.

Kartoffeln und Oliven zum Fleisch geben. Mit Salz und Pfeffer würzen und das Ganze weitere 30 Min. bei geringer Hitze garen.

Die Tajine mit dem restlichen Koriandergrün bestreuen und sehr heiß servieren.

Cardy mit Vinaigrette

Für 4 Personen
Zubereitung und Kochzeit: 1 Std. 15 Min.

Zutaten

1 kg Cardy
Zitronensaft
frisches Koriandergrün
1½ EL Cidre-Essig
3 EL Rapsöl
2 EL Olivenöl
Salz, Pfeffer
2 Eier, hart gekocht

Zubereitung

Die Blätter der Cardy entfernen. Die Stiele vom Wurzelansatz ablösen, diesen aber nicht wegwerfen. Die Stacheln entfernen und die Stiele je nach Dicke längs halbieren oder dritteln. Den Flaum mit einem Geschirrtuch abreiben und die Stiele gründlich waschen. Anschließend in 3 cm lange Stücke schneiden und sofort in Zitronenwasser legen, damit sie nicht braun werden. Den Wurzelansatz ebenfalls waschen, in Scheiben schneiden und zu den Stielen geben.

Die Cardy in einen Topf mit kochendem Salzwasser geben und in etwa 50 Min. weich garen. Abgießen und abtropfen lassen. Auf eine Servierplatte geben.

Das Koriandergrün waschen und fein schneiden. Für die Vinaigrette den Essig mit Raps- und Olivenöl, Salz und Pfeffer verrühren. Die Eier schälen, die Eigelbe mit einer Gabel zerdrücken und unter die Vinaigrette rühren.

Die Cardy mit der Vinaigrette überziehen und mit Koriander bestreuen.

Cardy-Gratin mit Markknochen

(auf dem Foto links)
Für 4 Personen
Zubereitung und Kochzeit: 1 Std. 45 Min.

Zutaten

1,5 kg Cardy
2 EL Mehl
Zitronensaft
Salz
4 Markknochen
grobes Meersalz
weiße Grundsauce (s. S. 142)
125 g Greyerzer, gerieben

Zubereitung

Die Cardy wie in den Rezepten auf Seite 94 beschrieben vorbereiten.

Das Mehl in 3 l Zitronenwasser auflösen, aufkochen lassen und salzen. Die Cardy 45 Min. darin garen. Die Garprobe machen, abgießen und abtropfen lassen.

Die Markknochen mit grobem Salz bestreuen, etwa 10 Min. in leicht kochendem Wasser pochieren und abtropfen lassen.

Den Backofen auf 220 °C vorheizen.

Eine weiße Grundsauce* (Rezept s. S. 142) herstellen. Den Käse einrühren.

Eine Gratinform mit Butter einfetten. Die gut abgetropfte Cardy in die Sauce geben und in die Gratinform füllen.

Das Gemüse 15 Min. überbacken. Die Markknochen darauf verteilen und das Ganze noch einmal für einige Minuten in den Ofen schieben. Heiß servieren.

Der Knollenkerbel

Chaerophyllum bulbosum
Familie der Doldenblütler (Apiaceae)

Gartenknollenkerbel

Es existieren zwar einige Sorten und Kulturformen des Knollenkerbels, die Verwendung von Sortennamen ist jedoch kaum üblich. Aussehen und Geschmack sind vor allem von Boden und Witterung abhängig. Das Gemüse bevorzugt ein gemäßigtes Klima und ist deshalb vorwiegend in Mittel-, Ost- und Nordeuropa anzutreffen. Die Aussaat erfolgt im Februar/März in Reihen. Der Knollenkerbel liebt lockere, tiefgründige und sandige Böden. Erntezeit ist im Sommer und zu Beginn des Herbstes.

Sein außerordentlich feiner Geschmack macht ihn zu einem echten Gourmetgemüse. Und hat man den Knollenkerbel erst einmal probiert, geht es einem wie Eva mit dem Apfel: Man kann nicht mehr davon lassen!

Man nennt ihn auch Erdkastanie, Kerbelrübe, Knolliger Kälberkropf oder Rübenkerbel. Weitaus bekannter sind die aromatischen Blätter des Küchenkerbels.

VERGESSEN – WIEDERENTDECKT Der Knollenkerbel hat sein Dasein lange Zeit in verborgenen Winkeln von Klostergärten oder auf winzigen Parzellen irgendwelcher versponnener Liebhaber gefristet – ein Schicksal, das er mit anderen Doldenblütlern, etwa der Wurzelpetersilie, dem Kümmel (*Carum carvi*), der Süßwurzel (*Sium sisarum*) und dem Pferdeeppich (*Smyrnium olusatrum*) teilte. Und auch mit Korbblütlern wie der Spanischen Golddistel oder der Klette … Doch langsam taucht er wieder auf den Märkten und sogar in großen Supermärkten auf.

HERKUNFT Die Wildform ist von Mitteleuropa bis nach Russland anzutreffen. Die krautige Pflanze mit der spitz zulaufenden, gedrungenen Pfahlwurzel und dem hellem Fruchtfleisch gehörte bis ins 19. Jahrhundert zu den beliebtesten Gartengemüsen – bis sie fast gänzlich verschwand, weil der Anbau zu schwierig und die Erträge zu gering waren. Der aromatische Garten- oder Küchenkerbel (*Anthriscus cerefolium*) gehört übrigens einer anderen Pflanzenfamilie an.

ANBAU Die Aussaat erfolgt im Herbst. Der Knollenkerbel liebt sonnige Standorte und humusreiche Böden. Die Samen keimen im Frühjahr. Im Sommer entfaltet sich das Laub. Wenn es zu welken beginnt, setzt das Wurzelwachstum ein, und die Wurzel saugt sich mit Nährstoffen voll. Im Spätsommer oder Früh-

herbst, wenn die Blätter vertrocknet sind, kann mit der Ernte begonnen werden.

LAGERUNG Nach der Ernte sollte man Knollenkerbel einige Monate reifen lassen. Er hält sich problemlos im Keller oder in kühlen, dunklen Räumen und kann auch mehrere Wochen im Gemüsefach des Kühlschranks aufbewahrt werden.

SORTEN Es wurden nur wenige Sorten der Pflanze selektiert. Hobbygärtner pflegen zu sagen: »So, wie Gott sie erschaffen hat.« Der Geschmack wird vor allem von der Beschaffenheit des Bodens, vom Dünger, der Temperatur, den Niederschlägen etc. beeinflusst.

VERWENDUNG Die Wurzel mit der graubraunen Schale und dem hellen, zarten Fruchtfleisch ist ein echter Leckerbissen. Ihr süßlicher Geschmack erinnert sowohl an die Kartoffel wie an die Kastanie mit Anklängen an Gartenkerbel und Petersilie. Das Aroma des Knollenkerbels entfaltet sich noch besser, wenn man ihn vor dem Genuss einige Monate einlagert. Die Blätter werden nicht gegessen, und auf den Märkten wird das Gemüse stets ohne Kraut angeboten, da es mit den giftigen Blättern des Taumelkälberkropfs (*Chaerophyllum temulum*) verwechselt werden könnte. Der Knollenkerbel wird wie die Kartoffel zubereitet, allein oder gemischt mit anderem altem Gemüse wie Karotten, Trüffelkartoffeln, Pastinaken und als Beilage zu Fleisch serviert oder für Füllungen verwendet. Auch roh ist die knackige Wurzel ein Genuss.

ERNÄHRUNGSPHYSIOLOGISCHE EIGENSCHAFTEN
Die Ernährungswissenschaft hat sich bislang noch wenig mit dem Knollenkerbel befasst. Dafür ist er erst zu kurz auf dem Markt. Alles, was man bis jetzt weiß, ist, dass er reich an Kohlenhydraten ist.

Knollenkerbelsalat mit Sherryessig

(auf dem Foto oben)
Für 4 Personen
Zubereitung und Kochzeit: 30 Min.

Zutaten

400 g Knollenkerbel
Salz
1 Schalotte
glatte Petersilie
Schnittlauch
Kerbel
2 EL Sherryessig
3 EL Olivenöl
Pfeffer

Zubereitung

Den Knollenkerbel putzen, schälen, in mundgerechte Stücke schneiden und 15 Min. in Salzwasser garen (er sollte weich, innen aber noch etwas fest sein). Abgießen, abtropfen und abkühlen lassen.

Die Schalotte schälen und fein hacken. Die Kräuter waschen, trockenschleudern und ebenfalls fein hacken. Aus Sherryessig, Olivenöl, Salz und Pfeffer eine Vinaigrette herstellen. Die Schalotte und die Kräuter unterrühren. Den Knollenkerbel auf einer Platte anrichten und mit der Vinaigrette übergießen.

Auf die gleiche Weise lassen sich auch Sonnenwurzeln, Topinambur und Haferwurzeln zubereiten. Der Salat kann nach Belieben auch noch mit frittierten Pastinakenscheiben und/oder in Scheiben geschnittener Petersilienwurzel angereichert werden.

Roher Knollenkerbel

Die Knollen schälen, große Exemplare der Länge nach halbieren und – nach Belieben zusammen mit anderem rohem Gemüse und Salz (der Knollenkerbel schmeckt auch ohne) – zum Aperitif servieren.

Oder roh in Scheiben geschnitten mit einer Vinaigrette aus Cidre-Essig, Rapsöl (ist hier dem Olivenöl vorzuziehen, weil es geschmacksneutraler ist) als Salat zubereiten.

In Gänseschmalz sautierter Knollenkerbel

Für 4 Personen
Zubereitung und Kochzeit: 30 Min.

Zutaten

800 g Knollenkerbel
30 g Gänseschmalz
Pfeffer

Zubereitung

Den Knollenkerbel mit dem Sparschäler schälen, unter fließendem Wasser waschen und trocken tupfen. Große Knollen in dickere Scheiben schneiden, kleine halbieren.

Das Gänseschmalz in einer großen Sauteuse erhitzen und das Gemüse etwa 10 Min. unter laufendem Wenden darin garen (es sollte innen fest bleiben). Sobald es leicht gebräunt ist, mit Pfeffer würzen (Knollenkerbel muss nicht gesalzen werden).

Auf die Zugabe von Zwiebel, Knoblauch oder Gewürzen sollte man verzichten, damit der süßliche Kastaniengeschmack des Knollenkerbels zur Geltung kommt. Figurbewusste können die Scheiben auch 10 Min. im Backofen rösten.

Knollenkerbelpüree mit violetten Karotten

Für 4 Personen
Zubereitung und Kochzeit: 45 Min.

Zutaten

Salz
1,5 kg Knollenkerbel
2 violette Karotten
Butter
Pfeffer
Crème fraîche
glatte Petersilie, gehackt

Zubereitung

In einer Kasserolle Wasser zum Kochen bringen und salzen.
Den Knollenkerbel schälen und grob würfeln. Die Karotten schälen und in Scheiben schneiden. Butter in einer Sauteuse erhitzen und die Karotten darin etwa 20 Min. dünsten, bis sie weich sind. Anschließend mit Salz und Pfeffer würzen. Den Knollenkerbel etwa 15 Min. im kochenden Salzwasser garen. Abgießen, abtropfen lassen und pürieren. Mit Salz und Pfeffer würzen und so viel Crème fraîche einrühren, bis das Püree die gewünschte Konsistenz hat.
Das Püree in eine vorgewärmte Schüssel füllen, die Karotten darauf anrichten und das Ganze mit etwas gehackter Petersilie bestreuen.
Den Knollenkerbel durch Pastinaken ersetzen oder noch 2 Kartoffeln hinzufügen.

Knollenkerbel-Samtsuppe mit knusprig gebratener Entenbrust

Für 4 Personen
Zubereitung und Kochzeit: etwa 1 Std.

Zutaten

800 g Knollenkerbel
1 kleine Handvoll Gartenkerbelblätter
1 Zwiebel
1 Knoblauchzehe
Butter
Hühnerbrühe
Salz, Pfeffer
90 g geräucherte Entenbrust, in schmale Streifen geschnitten
Sahne

Zubereitung

Den Knollenkerbel mit dem Sparschäler schälen, unter fließendem Wasser waschen und in Stücke schneiden. Die Kerbelblätter fein hacken. Zwiebel und Knoblauch schälen, die Zwiebel hacken. Etwas Butter in einem Kochtopf zerlassen und die Zwiebel darin glasig schwitzen. Den Knollenkerbel dazugeben, den Knoblauch darüberpressen und umrühren. Das Gemüse mit Brühe bedecken; sparsam mit Salz und Pfeffer würzen. Aufkochen und dann 25 Min. zugedeckt köcheln lassen. Die Entenbruststreifen in einer Pfanne im eigenen Fett knusprig braten.
Den Topfinhalt pürieren, mit Salz und Pfeffer abschmecken und mit etwas Sahne verfeinern. Die Suppe auf 4 tiefe Teller verteilen. Mit den Entenbruststreifen und dem gehackten Kerbel garnieren.

Sautiertes Wurzelgemüse mit Ahornsirup

Für 6 Personen
Zubereitung und Kochzeit: 40 Min.

Zutaten

200 g Haferwurzeln
grobes Salz
200 g Mangold
Zitronensaft
200 g Topinambur
100 g Petersilienwurzeln
200 g Knollenkerbel
3 EL Olivenöl
Butter
Salz, Pfeffer
4 EL Ahornsirup

Zubereitung

Die Haferwurzeln in einem Geschirrtuch mit grobem Salz abrubbeln. Die Mangoldstiele abfädeln, in Stücke schneiden und in Zitronenwasser legen. Topinambur schälen, in 4 mm dicke Scheiben schneiden und ebenfalls in Zitronenwasser legen. Petersilienwurzeln und Knollenkerbel schälen. Die Petersilienwurzeln je nach Größe halbieren oder vierteln, den Knollenkerbel ganz belassen.
Mangold und Topinambur 4–5 Min. in kochendem Salzwasser garen, mit kaltem Wasser abschrecken und abtropfen lassen.
Das Olivenöl mit etwas Butter in einer Sauteuse erhitzen und sämtliches Gemüse unter Rühren darin anschwitzen. Dann zugedeckt in etwa 20 Min. weich garen.
Mit Salz und Pfeffer würzen. Ahornsirup sowie etwas Zitronensaft hinzufügen, umrühren und das Gemüse unter Rühren erhitzen, bis es vollständig von dem Sirup überzogen ist.

Knollenkerbel mit Trüffelöl in Alufolie gegart

Für 4 Personen
Zubereitung und Kochzeit: 35 Min.

Zutaten

4–8 Knollenkerbel (je nach Größe)
Salz
1 EL Gemüsebrühe
200 g Sahne
Pfeffer
mit Trüffel aromatisiertes Olivenöl

Zubereitung

Den Knollenkerbel schälen und 3–4 Min. in reichlich kochendem Salzwasser blanchieren. Abgießen und abtropfen lassen.
Den Backofen auf 200 °C vorheizen.
Die Gemüsebrühe einige Minuten einkochen lassen. Die Sahne einrühren, mit Salz und Pfeffer würzen. Die Sauce so lange köcheln lassen, bis sie sämig ist. Etwas Trüffelöl unterrühren und noch einmal abschmecken.
4 ausreichend große Stücke Alufolie vorbereiten. Den Knollenkerbel gleichmäßig auf die Folienstücke verteilen, mit der Sauce überziehen und mit Pfeffer würzen. Die Folien zu Päckchen verschließen und das Gemüse 10 Min. im Backofen garen.
Das Trüffelöl durch 1 schwarze Trüffel ersetzen. Die Trüffel in hauchdünne Scheiben hobeln, über den Knollenkerbel streuen und das Gemüse danach mit der Sauce überziehen.

Der Kürbis

Cucurbita maxima, C. pepo, C. moschata
Familie der Kürbisgewächse (Cucurbitaceae)

Butternusskürbis

(Cucurbita moschata)

Der Butternusskürbis hat die Form einer lang gezogenen Birne. Unter der sandfarbenen Schale verbirgt sich ein feines, butterzartes orangefarbenes Fruchtfleisch mit moschusartigem Aroma, das regelrecht auf der Zunge zergeht und das – in geraspelter Form – auch roh verwendet werden kann. Gekocht eignet sich der Kürbis zum Frittieren, für Soufflés, Gratins, Pürees oder als Tartebelag. Man kann daraus auch Konfitüre herstellen. Aussaat im April; anschließend Auspflanzung; Ernte im Spätherbst.

Die Kerne, die sich im Kopf des Kürbisses verbergen, sind kleine Gedanken der Erde. Der Riesenkürbis ist groß wie ein Planet. Die Ameise, die ihn erklimmt, wundert sich, weshalb der Geograf die Meridiane eingeritzt hat.

Man unterscheidet im Wesentlichen vier Speisekürbisarten: Gartenkürbisse (*Cucurbita pepo*), Riesenkürbisse (*C. maxima*), Moschuskürbisse (*C. moschata*) und Feigenblattkürbisse (*C. ficifolia*).

VERGESSEN – WIEDERENTDECKT Die meisten der vielen Kürbissorten sind in Vergessenheit geraten. Doch einige engagierte, fantasievolle Gärtner haben Hunderte alter Sorten zu neuem Leben erweckt.

HERKUNFT Die ursprünglich in Südamerika (Argentinien, Uruguay, Bolivien, Chile) beheimatete Gattung *Cucurbita* umfasst ungefähr 40 Arten. Drei Hauptarten wurden zwischen 8000 und 1500 v. Chr. von den präkolumbischen Kulturen kultiviert: die Riesenkürbisse (*Cucurbita maxima*) mit dem zylindrischen Fruchtstiel, die Gartenkürbisse (*C. pepo*), zu denen auch die Zucchini zählt, und *C. moschata*, die Moschuskürbisse mit den fünfeckigen Stielen. Die Früchte dieser Wildformen hatten gerade einmal die Größe von Orangen. Nach der Entdeckung Amerikas durch Kolumbus gelangte der Kürbis auch nach Europa, wo er anfangs häufig mit dem aus Afrika stammenden Flaschen- oder Kalebassenkürbis verwechselt wurde.

ANBAU Als Tropenpflanze liebt der Kürbis Wärme und benötigt viel Wasser und Dünger (Kompost, Stallmist). Im Freiland sollte er nicht vor Mai gepflanzt werden. Die weiblichen Blüten öffnen sich vor den männlichen. Deshalb sollte man mehrere Pflanzen im Garten haben, damit eine Befruchtung (durch Bienen) stattfinden kann.

LAGERUNG Die sogenannten Sommerkürbisse (Zucchini, Zucchettikürbisse und Pâtissons) sind nicht lange haltbar. Winterkürbisse (alle hartschaligen Kürbisse) können an einem vor extremer Kälte und Hitze geschützten, dunklen Ort zwischen 1 Woche und 6 Monaten gelagert werden und eignen sich auch gut zum Einfrieren.

SORTEN Von den Gartenkürbissen wären neben den Zucchettikürbissen vor allem die Pâtissons zu nennen. Zu den Riesenkürbissen zählen Sorten wie Bleu de Hongrie, der Türkenturban, Hubbards, Delicious, die Zentner, der Hokkaidokürbis etc. Einige dieser Kürbisse wiegen mehr als 10 kg. Zu den Moschuskürbissen gehören unter anderem der Butternusskürbis, Muscade de Provence und Sucrine de Berry.

VERWENDUNG Winterkürbisse finden in Suppen, Ragouts, Currys usw. Verwendung. Gekocht und püriert schmecken sie hervorragend mit Kartoffeln oder Süßkartoffeln. Außerdem kann man daraus vorzügliche Süßspeisen herstellen: Tartes, Kuchen, Muffins, Kekse, Puddings, Soufflés u.v.m.

ERNÄHRUNGSPHYSIOLOGISCHE EIGENSCHAFTEN Kürbisse bestehen zu 95 Prozent aus Wasser. Sie sind reich an Betacarotin (Provitamin A) sowie Kohlenhydraten und gute Lieferanten von Kalium, Kupfer, Vitamin C, Folsäure und Pantothensäure (Vitamin B5).

Spaghettikürbis *(Cucurbita pepo)*

Der Spaghettikürbis ist eine rankende Pflanze. Die ovale Frucht hat eine hellgelbe oder elfenbeinfarbene Schale. Beim Kochen zerfällt das Fruchtfleisch in lange Fäden, die nicht nur wie Spaghetti aussehen (daher auch der Name), sondern auch auf die gleiche Weise zubereitet werden können. Aussaat im April/Mai; Ernte im Spätherbst.

Muscade *(Cucurbita moschata)*

Die rankende Pflanze bringt tief gerippte, bis zu 10 kg schwere Früchte mit einem Durchmesser von bis zu 50 cm hervor. Das feste orangefarbene Fruchtfleisch ist nicht sehr süß und verströmt einen intensiven Moschusgeruch. Man verwendet es für Pürees, Gratins, Suppen und Konfitüren. Aussaat im April (in Töpfen); später Auspflanzung an einen sonnigen Standort; Ernte im Herbst.

Kabocha (*Cucurbita maxima*)

Die Früchte dieser japanischen Kürbisart sind relativ flach. Der Platzbedarf pro Pflanze liegt bei etwa 3 m². Das dunkelgelbe bis orangefarbene Fruchtfleisch verbirgt sich unter einer marmorierten, meist dunkelgrünen, gelegentlich auch ockergelben oder scharlachroten Schale. Die Aussaat erfolgt im Frühjahr; Ernte ist im Sommer.

Feigenblattkürbis (*Cucurbita ficifolia*)

Der Feigenblattkürbis, auch Siamkürbis genannt, stammt aus den Tropen Südamerikas. Die Art umfasst nur zwei Sorten: eine grün marmorierte und eine weiße. Die ovale Frucht mit der dicken, grünen, weiß gesprenkelten Schale enthält ein helles, sehr fasriges Fruchtfleisch, aus dem man die sogenannte Engelshaar-Konfitüre herstellt. Die Sorte wird wenig angebaut.

Pâtisson blanc (*Cucurbita pepo*)

Wird auch Bischofsmütze genannt. Die nichtrankende Pflanze bringt flache, blütenförmige Früchte hervor, die leicht nach innen gewölbt sind. Unter der weißen Schale verbirgt sich ein festes, nicht sehr süßes Fruchtfleisch, das im Geschmack an Artischocken erinnert. Pâtissons bevorzugen gut durchlüftete und gut gedüngte Böden. Aussaat von März bis Juni in Saatlöchern; Ausplanzung nach einem Monat; Ernte im Herbst.

Kürbistarte

(auf dem Foto links)
Für 4 Personen
Zubereitung, Koch- und Backzeit: 1 Std. 10 Min.

Zutaten

1 Butternusskürbis (400 g Fruchtfleisch)
2 Eier
300 g Egerlinge
1 Schalotte
Butter
200 g Crème fraîche épaisse*
frisch geriebene Muskatnuss
50 g Greyerzer, gerieben
Salz, Pfeffer
300 g backfertiger Mürbeteig

Zubereitung

Den Backofen auf 200 °C vorheizen.
Den Kürbis schälen, die Kerne entfernen und das Fruchtfleisch in Stücke schneiden. 20 Min. dämpfen und anschließend bei starker Hitze zu einem dicken Püree zerdrücken. Die Eier verquirlen.
Die Pilze putzen, fein schneiden und langsam in einer Sauteuse erhitzen, damit sie ihre Flüssigkeit abgeben. Die Schalotte schälen, fein hacken und in etwas Butter glasig schwitzen. Sämtliche Zutaten bis auf den Mürbeteig gründlich miteinander vermengen. Mit Salz und Pfeffer würzen. Eine hohe Tarteform (24 cm Durchmesser) mit dem Mürbeteig auskleiden. Den Boden mehrfach mit einer Gabel einstechen. Die Kürbismischung darauf verteilen und die Tarte 30–35 Min. backen. Mit einem spitzen Messer einstechen, um die Garprobe zu machen.
Die Tarte 10 Min. in der Form abkühlen lassen, anschließend herausnehmen und heiß servieren. Einen Salat dazu reichen.

Kalbstajine mit Rosinen und Moschuskürbis

Für 4 Personen
Zubereitung und Kochzeit: 1 Std.

Zutaten

4 Zwiebeln
2 Knoblauchzehen
1 Moschuskürbis (1 kg)
2 EL Olivenöl
800 g Kalbshaxe, in Scheiben
Salz, Pfeffer
1 Handvoll Rosinen
1 TL Zimtpulver
1 TL gemahlener Ingwer
2 Msp. Safranpulver
2 TL edelsüßes Paprikapulver
50 ml Hühnerbrühe

Zubereitung

Die Zwiebeln schälen und fein hacken. Die ungeschälten Knoblauchzehen zerdrücken. Den Kürbis waschen, in Stücke schneiden und die Kerne entfernen (schälen ist nicht erforderlich).

Olivenöl in einem großen Schmortopf mit dickem Boden erhitzen. Die Zwiebeln bei mittlerer Hitze darin anschwitzen und danach aus dem Topf nehmen. Das Fleisch hineingeben und bei starker Hitze anbräunen. Zwiebeln sowie Knoblauch dazugeben und mit Salz und Pfeffer würzen. Umrühren, Rosinen und Gewürze hinzufügen. Das Ganze einige Minuten offen anrösten, bis die Gewürze ihr Aroma entfalten.

Den Kürbis dazugeben, etwas Brühe angießen und das Gericht zugedeckt 30–40 Min. köcheln lassen. Dabei regelmäßig umrühren, damit nichts anhängt. Die Kalbshaxenscheiben herausnehmen, das Fleisch von den Knochen lösen, in mundgerechte Stücke schneiden und wieder in den Topf geben. Die Tajine nochmals kurz erhitzen und dann servieren.

Für dieses Rezept eignet sich auch jeder andere Kürbis mit trockenem, nicht zu süßem und zu fasrigem Fruchtfleisch, z.B. Butternusskürbis, Pink Banana, Hubbard (grün oder gelb), Muscade de Provence, Sucrine de Berry …

Herzhafter Kürbiskuchen mit Räucherspeck

Für 4 Personen
Zubereitung und Backzeit: 1 Std. 30 Min.

Zutaten

300 g Butternusskürbis
Salz, Pfeffer
frisch geriebene Muskatnuss
1 Zwiebel
70 g weiche Butter
100 g durchwachsener Räucherspeck, in Streifen geschnitten
3 Eier
100 ml Milch
100 g Mehl
1 Päckchen Backpulver (nach Belieben)
50 g Walnusskerne, grob gehackt

Zubereitung

Den Backofen auf 200 °C vorheizen.

Den Kürbis schälen, die Kerne entfernen und das Fruchtfleisch in Würfel schneiden. 20 Min. dämpfen, abgießen, pürieren und mit Salz, Pfeffer sowie Muskat abschmecken.

Während der Kürbis gart die Zwiebel schälen, fein schneiden und in 1 TL Butter anschwitzen. Den Speck hinzufügen, auslassen und anbraten. Mit Pfeffer würzen und abkühlen lassen.

Eine Kastenform mit Butter einfetten und mit Mehl ausstäuben.

In einer großen Schüssel die Eier mit der restlichen Butter verrühren. Kürbispüree, Milch, Mehl und eventuell das Backpulver hinzufügen. Die Zutaten sorgfältig verrühren und zum Schluss den Speck untermischen.

Den Teig in die Form füllen, mit den Nüssen bestreuen und etwa 70 Min. auf der untersten Schiene des Backofens backen. Mit der Spitze eines Messers hineinstechen, um die Garprobe zu machen (es darf kein Teig daran haften). Den Kuchen lauwarm oder kalt servieren. Einen Salat dazu reichen.

Den Butternusskürbis durch Gelben Zentner oder Hokkaidokürbis ersetzen. Statt weißem Mehl Dinkelmehl oder eine Mischung aus weißem und Vollkornmehl verwenden. Die Walnüsse durch Pinienkerne oder gehackte, geröstete Mandeln ersetzen. Außerdem können Sie den Kuchen vor dem Backen noch mit geriebenem Käse, Pilzen oder Oliven anreichern.

Kürbispüree mit Zimt

Für 4 Personen
Zubereitung und Kochzeit: 50 Min.

Zutaten

1 Moschuskürbis (1,5 kg)
250 g Kartoffeln
30 g Butter
1 Eigelb
Salz, Pfeffer
1 Msp. Zimtpulver
200 g Sahne

Zubereitung

Den Kürbis schälen, die Kerne entfernen und das Fruchtfleisch würfeln. Die Kartoffeln schälen und ebenfalls würfeln. Den Backofen auf 200 °C vorheizen.

Kürbis und Kartoffeln 12 Min. dämpfen und anschließend pürieren. 1 EL Butter und das Eigelb zufügen. Mit Salz, Pfeffer sowie Zimt würzen und das Püree mit einem Spatel glatt rühren.

Die Sahne unterziehen, das Püree in eine feuerfeste Form füllen, mit Butterflöckchen besetzen und etwa 20 Min. im Backofen garen. Heiß servieren.

Kürbiskonfitüre »Engelshaar«

Zubereitung: 1 Std. 30 Min. + 12 Std. Ziehzeit

Zutaten

1 Feigenblattkürbis
Akazienhonig
Saft von 1 Zitrone

Zubereitung

Das Kürbisfruchtfleisch in Stücke schneiden und etwa 45 Min. in Wasser kochen. Abgießen, abkühlen lassen und mit einer Gabel zerdrücken. Das Fruchtfleisch abwiegen und mit der gleichen Menge Akazienhonig vermengen. 12 Std. ziehen lassen. Den Zitronensaft mit einem Holzspatel unterrühren. Die Mischung in einem Marmeladentopf aufkochen und dann 30 Min. bei geringer Hitze köcheln lassen. Dabei regelmäßig mit einem Holzspatel umrühren. Sobald die Konfitüre eine bräunlich gelbe Farbe angenommen hat, in sterilisierte Gläser abfüllen.

Gratinierte Kürbisgnocchi

Für 4 Personen
Zubereitung und Kochzeit: 1 Std. 15 Min.

Zutaten

1 Kabocha-Kürbis (1,5 kg)
Salz
250 g Mehl, gesiebt
150 g Parmesan, gerieben
1 Prise Cayennepfeffer
Salz, Pfeffer
2 Eier

Zubereitung

Den Kürbis schälen, die Kerne entfernen und das Fruchtfleisch würfeln. 20 Min. dämpfen, abgießen und abtropfen lassen.
In einem großen Topf Wasser zum Kochen bringen und salzen. Den Backofengrill vorheizen. Den Kürbis pürieren und mit Mehl, der Hälfte des Käses, Cayennepfeffer, Salz und Pfeffer vermengen. Zum Schluss die Eier gründlich unterrühren.
Mithilfe eines Löffels und einer Gabel Gnocchi aus dem Teig formen. 2–3 Min. im kochenden Salzwasser garen. Die Gnocchi sind fertig, wenn sie an die Oberfläche steigen. Mit einem Schaumlöffel herausheben und in eine feuerfeste Form füllen. Mit dem restlichen Parmesan bestreuen und im Ofen etwa 12 Min. gratinieren.
Der Kabocha-Kürbis kann auch durch einen Bleu de Hongrie ersetzt werden.

Kürbischutney

Ergibt 1 kg
Zubereitung und Kochzeit: 1 Std. 20 Min.

Zutaten

1 großer Butternusskürbis (etwa 1,2 kg)
2 Zwiebeln
1 säuerlicher Apfel (z.B. Granny Smith)
2 rote Paprikaschoten
150 g getrocknete Mango
50–60 g frischer Ingwer
1 frische oder getrocknete Piment d'Espelette* (Chilischote)
150 g Zucker
500 ml Weißweinessig

Zubereitung

Den Kürbis schälen und in Stücke schneiden. Die Zwiebeln schälen und fein hacken. Den Apfel entkernen und mitsamt der Schale würfeln. Die Paprikaschoten putzen, waschen und ebenfalls würfeln. Die Mango in feine Streifen und den Ingwer in dünne Scheiben schneiden. Die Chilischote hacken.
Den Kürbis in einem Kochtopf mit Wasser bedecken, weich garen und anschließend durch eine Kartoffelpresse drücken.
Zwiebeln, Paprikaschoten, Apfel und Mango in einer großen Sauteuse bei mittlerer Hitze andünsten. Zucker und Essig hinzufügen und das Ganze bei mittlerer Hitze kochen lassen, bis die Zwiebeln und die Paprikaschoten weich sind. Anschließend in einem Kochtopf mit dem Kürbispüree mischen.
Ingwer und je nach gewünschter Schärfe die ganze oder nur etwas Chilischote dazugeben. Umrühren und die Mischung so lange bei mittlerer Hitze kochen lassen, bis sie die Konsistenz einer relativ flüssigen Marmelade hat.
Das Chutney in Schraubdeckelgläser füllen und vor dem Verzehr mindestens 1 Monat an einem lichtgeschützten Platz ruhen lassen.

Kürbis-Crêpes

Für 6 Personen
Zubereitung und Kochzeit: 1 Std. 40 Min.

Zutaten

1 Spaghettikürbis
250 g Mehl
4 Eier, verquirlt
1 Prise Salz
500 ml Milch
Sonnenblumenöl
Vergeoise-Zucker* oder herkömmlicher Zucker

Zubereitung

Die Schale des Kürbisses mehrfach mit einem Messer einstechen und den Kürbis 40 Min. in kochendem Wasser garen. Anschließend halbieren und die Kerne entfernen. Das Fruchtfleisch mit einem Löffel von der Schale lösen. In einem Sieb gut abtropfen und abkühlen lassen.
In einer großen Schüssel 250 g Kürbisfruchtfleisch mit Mehl, Eiern und Salz vermengen. So viel Milch angießen, bis der Teig die gewünschte Konsistenz hat. Die Mischung dabei laufend mit

dem Schneebesen schlagen. Etwas Öl unterrühren und den Teig 20 Min. ruhen lassen.
Eine Crêpepfanne mit Öl einfetten, 1 Schöpflöffel Teig hineingeben und an der Unterseite goldbraun backen. Sobald der Teig oben trocken wird, den Crêpe wenden und auf der anderen Seite backen. Die restlichen Crêpes auf die gleiche Weise zubereiten. Fertige Crêpes auf einem Teller über einem Topf mit kochendem Wasser oder im Backofen warm halten.
Die Crêpes mit Zucker bestreuen und servieren.

Eingelegte Mini-Pâtissons

Ergibt 8 Gläser à 250 g
Zubereitung und Kochzeit: 20 Min.
+ 24 Stunden Ziehzeit

Zutaten

2 kg Mini-Pâtissons (sehr kleine Kürbisse)
3 EL Salz
8 kleine Vogelaugen-Chilischoten
2 l Branntweinessig

Zubereitung

Die Kürbisse unter fließendem Wasser waschen und trocken tupfen. In einer großen Schüssel mit dem Salz bestreuen. Umrühren, mit einem Geschirrtuch abdecken und 24 Std. ziehen lassen. Am folgenden Tag die Gläser sterilisieren und gut trocknen lassen. Die Kürbisse mit je 1 Chilischote auf die Gläser verteilen und mit Essig bedecken. Die Gläser verschließen und die Kürbisse 1 Monat an einem lichtgeschützten Platz ruhen lassen.

Die eingelegten Pâtissons zu Wurst oder Fleisch servieren oder mit 1 Backpflaume, 1 Scheibe geräucherter Entenbrust und 1 Kirschtomate auf kleine Spieße stecken und zum Aperitif reichen.

Kürbissoufflé

(auf dem Foto rechts)
Für 4 Personen
Zubereitung und Backzeit: 1 Std. 15 Min.

Zutaten

1 mittelgroßer Pâtisson (20 cm Durchmesser)
3 Eier, getrennt
Salz
25 g Butter
3 EL Mehl
1 Msp. frisch geriebene Muskatnuss
Pfeffer

Zubereitung

Den Backofen auf 200 °C vorheizen.
Einen breiten Deckel von dem Kürbis abschneiden. Das Fruchtfleisch bis auf ½ cm herauslösen und würfeln. Die Schale aufbewahren. Das Fruchtfleisch 10 Min. dämpfen. Anschließend pürieren und die Eigelbe unterrühren. Die Eiweiße zusammen mit 1 Prise Salz steif schlagen. Die Butter in einer Kasserolle zerlassen und das Mehl darin anschwitzen. Den Topf vom Herd nehmen und das Kürbispüree sowie den Muskat einrühren. Mit Salz und Pfeffer abschmecken. Den Eischnee vorsichtig mit einem Metalllöffel unterziehen.
Die Kürbisschale in eine runde feuerfeste Form legen (sie wird beim Backen weich und könnte beim Herausnehmen zerbrechen). Die Masse in die Schale füllen und das Ganze 35 Min. im Backofen garen.
Das Soufflé kann auch in einer Souffléform oder einer anderen hohen Form gebacken und nach Belieben noch mit Schnittlauchröllchen oder 1 Prise Chili verfeinert werden.

Der Knollenziest

Stachys affinis
Familie der Lippenblütler (Lamiaceae)

Knollenziest

Sein kleines Rhizom ernährt eine 30 cm hohe Pflanze. Als Knollenziest 1882 in Frankreich eingeführt wurde, setzten die Gärtner Bois und Pailleux bereits regelrechte Marketingstrategien ein, um ihn bekannt zu machen. Vor allem mobilisierten sie den berühmten Pariser Gastronomen Brébant. Pflanzzeit: Februar bis April; Ernte: November bis März.

Dieses kleine cremeweiße, fast durchsichtige und bizarr geformte Ding ist kein Bonbon, sondern ein Gemüse. Man könnte fast meinen, es handle sich um ein Stück einer Wolke. Tief in der Erde rezitiert der Knollenziest ein Gedicht von Basho.

Weitere Bezeichnungen für dieses zarte Gemüse sind Chinesische Artischocke, Japanische Kartoffel und Knollenkartoffel. Es gehört wie der Rosmarin und der Lavendel zur Familie der Lippenblütler und ist das einzige Mitglied dieser Familie, das in Europa als Gemüse kultiviert wird.

VERGESSEN – WIEDERENTDECKT Außerhalb von Frankreich und Belgien ist der Knollenziest kaum bekannt und wird nur selten angebaut. Trotzdem hat das Gemüse, das Paris und ganz Frankreich zur Zeit der Belle Epoque begeisterte, bis heute eine treue Fangemeinde. Weil er so klein, nicht sehr ertragreich und aufgrund seiner bizarren Form (die an einen Korkenzieher oder eine Art Raupe erinnert) schwer zu säubern ist, kam der Knollenziest aus der Mode. Ein Unrecht, das jetzt wieder gutgemacht wird, denn die Gastronomen beginnen sich wieder für das Gemüse zu interessieren.

HERKUNFT Beim essbaren Teil der Pflanze handelt es sich um die unterirdisch wachsende Sprossachse der Pflanze. Dieses sogenannte Rhizom wiegt gerade einmal 2–3 g. Die Wildform der Pflanze stammt aus Nordchina (Innere Mongolei, Shanxi, Xinjiang), wo man sie unter dem Namen *ganluzi* kennt. Wie sein eurasischer Verwandter, der Sumpfziest (*Stachys palustris*), bevorzugt der Knollenziest feuchte Standorte. Schon früh gelangte er nach Japan, von wo ihn Reisende 1882 nach Frankreich brachten. Durch Zufall gelangte er dort in die Hände der Gärtner Bois und Pailleux, die Gefallen an dem filigranen Gemüse fanden. 1886 war Knollenziest erstmals im Samenkatalog von Vilmorin-Andrieux zu finden.

ANBAU Die Rhizome werden von Februar bis April gepflanzt (Pflanztiefe 10 cm). Die Ernte beginnt im November und dauert bis März. Wie der Topinambur vermehrt sich der Knollenziest praktisch von selbst. Man muss nur eine einzige Wurzel im Boden lassen, und es entsteht daraus eine ganze neue Kolonie.

LAGERUNG Die empfindlichen Rhizome werden immer erst unmittelbar vor dem Gebrauch aus der Erde gezogen, denn sobald sie mit der Luft in Berührung kommen, büßen sie an Qualität ein, werden weich und unansehnlich. Bei Frost sollte man die Beete zum Schutz mit Blättern abdecken.

SORTEN Es gibt keine zugelassenen Handelssorten.

VERWENDUNG Knollenziest eignet sich nicht zum Rohverzehr. Die Wurzeln werden auf die verschiedenste Weise zubereitet: in der Pfanne sautiert oder in Butter gedünstet, als Salat, mit Sauce und als Beilage zu Fleischgerichten. Oder man legt ihn wie Cornichons oder Kapern in Essig ein. Mancher Gast wird zwar vielleicht zunächst etwas irritiert sein, wenn er das Gemüse zum ersten Mal auf den Teller bekommt, aber jeder ist begeistert von seinem Geschmack, der ein wenig an Haselnüsse, Haferwurzeln, Topinambur und Artischocken erinnert. Nicht umsonst nennen ihn die Angelsachsen *Japanese artichoke*.

ERNÄHRUNGSPHYSIOLOGISCHE EIGENSCHAFTEN
Knollenziest ist reich an Eiweiß, Kohlenhydraten sowie Mineralsalzen und enthält so gut wie kein Fett. Seine Stärke macht ihn zu einem hervorragenden Energielieferanten, der nicht dick macht. Die in der Wurzel enthaltene Stachyose, eine spezielle Zuckerart, kann allerdings Blähungen verursachen.

Knollenziest auf provenzalische Art

Für 4 Personen
Zubereitung und Kochzeit: 30 Min.

Zutaten

1 Schalotte
1 milde Zwiebel
1–2 Knoblauchzehen
500 g Knollenziest
grobes Meersalz
3 EL Olivenöl
Mehl
Weißwein
100 ml Geflügelfond
2 Lorbeerblätter
Salz, Pfeffer
2 Scheiben altbackenes Landbrot
1 TL Butter
1 Kopf Friséesalat
4 Sardellenfilets
einige Basilikumblätter

Zubereitung

Schalotte, Zwiebel sowie Knoblauch schälen und hacken. Den Knollenziest in einem Geschirrtuch mit grobem Salz abrubbeln, um die Schale zu entfernen. Anschließend unter fließendem Wasser waschen.
2 EL Olivenöl in einer Sauteuse erhitzen. Schalotte, Zwiebel und Knoblauch 2–3 Min. darin anschwitzen. Den Knollenziest dazugeben und glasig schwitzen. Mit Mehl bestäuben und mit etwas Weißwein ablöschen. Den Geflügelfond angießen, die Lorbeerblätter hinzufügen und mit Salz sowie Pfeffer würzen. Den Deckel auflegen und das Gemüse 15 Min. garen. Dabei von Zeit zu Zeit umrühren.
Den Knollenziest anschließend abkühlen lassen, bis er lauwarm ist. Das Landbrot entrinden und würfeln. In der Butter zu knusprigen Croûtons braten. Den Salat putzen, in einzelne Blätter teilen, waschen und trockenschleudern.
Den Knollenziest auf einem Salatbett anrichten und die Sardellenfilets darauf verteilen. Mit dem restlichen Olivenöl beträufeln und mit Basilikum garnieren.
Auf diese Art werden traditionell eigentlich Pilze zubereitet.

Knollenziestsalat mit Räucherschinken

Für 6 Personen
Zubereitung und Kochzeit: 40 Min.

Zutaten

800 g Knollenziest
grobes Meersalz
1 TL scharfer Senf
Cidre-Essig
Rapsöl
Pfeffer
150 g roher, geräucherter Schinken
3 Eier, hart gekocht
glatte Petersilie, gehackt

Zubereitung

Den Knollenziest in einem Geschirrtuch mit grobem Salz abrubbeln, um die Schale zu entfernen. Anschließend unter fließendem kaltem Wasser waschen, 7 Min. in Salzwasser garen, abgießen und abtropfen lassen.
Den Senf mit etwas Essig verrühren, nach und nach etwas Öl unterrühren und die Vinaigrette mit Pfeffer würzen.
Den Schinken in Streifen schneiden. Die Eier schälen und grob zerdrücken.
Den Knollenziest in eine Salatschüssel füllen. Schinken und Eier zufügen, die Vinaigrette darübergießen und die Zutaten vorsichtig durchmischen. Den Salat mit Petersilie bestreuen, mit Frischhaltefolie abdecken und bis zum Servieren in den Kühlschrank stellen.

Knollenziest mit Kräuterbutter

Für 4 Personen
Zubereitung und Kochzeit: 30 Min.

Zutaten

500 g Knollenziest
grobes Salz
Schnittlauch, Estragon, Petersilie
500 ml Milch
30 g weiche Butter
1 Knoblauchzehe, fein gehackt
Salz, Pfeffer

Zubereitung

Den Knollenziest wie zuvor beschrieben säubern. Die Kräuter waschen und hacken.
Die Milch zusammen mit 500 ml Wasser in einen Topf füllen, salzen und den Knollenziest hineingeben. Aufkochen und dann 15 Min. köcheln lassen (das Gemüse sollte noch Biss haben). Anschließend abgießen und abtropfen lassen.
Die Butter mit dem Knoblauch und 1 EL der Kräutermischung vermengen, mit Salz und Pfeffer abschmecken und unmittelbar vor dem Servieren über den Knollenziest geben.

Forellen mit Knollenziest

Für 4 Personen
Zubereitung und Kochzeit: 50 Min.

Zutaten

800 g Knollenziest
grobes Meersalz
500 ml Milch
Salz
1 Knoblauchzehe
4 küchenfertige Forellen
Mehl, Butter
Saft von 1 Zitrone
Pfeffer
glatte Petersilie, gehackt
4 Zitronenscheiben

Zubereitung

Den Knollenziest wie zuvor beschrieben säubern, unter fließendem Wasser waschen und die Seitenwurzeln abschneiden.
Die Milch gemeinsam mit 500 ml Salzwasser in einem Kochtopf aufkochen, die ungeschälte Knoblauchzehe und den Knollenziest hineingeben und 12 Min. kochen. Den Knoblauch entfernen und den Knollenziest abtropfen lassen.

Die Forellen mit Mehl bestäuben. Butter in einer Pfanne erhitzen, die Fische auf beiden Seiten anbraten und 10 Min. bei mittlerer Hitze garen. Nach der Hälfte der Zeit vorsichtig wenden. Auf beiden Seiten mit Salz und Pfeffer würzen und warm stellen. Die Butter abgießen, die Pfanne aber nicht ausspülen. 1 großes Stück Butter in die Pfanne geben und so lange erhitzen, bis sie goldgelb ist. Den Zitronensaft einrühren und die Sauce mit Salz abschmecken.

Etwas Butter in einer Sauteuse erhitzen, den Knollenziest darin anbraten und mit Salz und Pfeffer würzen.

Forellen und Knollenziest auf 4 Tellern anrichten. Die Fische mit der Sauce überziehen, mit Petersilie bestreuen und jeweils mit 1 Zitronenscheibe garnieren.

Kalbsschmorbraten auf Knollenziest

(auf dem Foto rechts)
Für 4 Personen
Zubereitung und Kochzeit: 1 Std. 10 Min.

Zutaten

500 g Knollenziest
grobes Meersalz
2 braune Schalotten
1 Tomate
1 kg Kalbsnuss, mit Küchengarn verschnürt
Pfeffer
Olivenöl, Butter
200 ml Kalbsfond
1 Knoblauchzehe, zerdrückt
Oregano, Thymian, Basilikum
Salz
Zitronensaft

Zubereitung

Den Knollenziest wie zuvor beschrieben säubern und waschen. Die Schalotten schälen. Die Tomate enthäuten, entkernen und das Fruchtfleisch sehr fein hacken.

Das Fleisch mit Pfeffer würzen. Olivenöl und Butter in einem gusseisernen Schmortopf erhitzen und das Fleisch darin anbräunen. Den Kalbsfond angießen, Schalotten, Knoblauch und die Kräuter hinzufügen. Mit Salz würzen und die Tomate dazugeben. Den Deckel auflegen und das Fleisch 1 Std. schmoren lassen. Dabei regelmäßig mit Fond begießen, eventuell noch etwas Wasser zufügen.

Wasser in einem großen Topf zum Kochen bringen und salzen. Den Knollenziest mit Zitronensaft beträufeln, in den Topf geben und 15 Min. garen. Mit kaltem Wasser abschrecken und abtropfen lassen.

Den Knollenziest 10 Min. vor Ende der Garzeit zum Fleisch geben, damit er das Aroma der Sauce annimmt. Das Fleisch herausnehmen, vom Küchengarn befreien und in Scheiben schneiden. Zusammen mit dem Gemüse und der Sauce servieren.

Wenn Sie das Rezept für 2 Personen zubereiten, nehmen Sie statt der Kalbsnuss am besten Kalbskoteletts. Auch wenn sich die Garzeit dann verkürzt, sollte der Knollenziest unbedingt in der Schmorflüssigkeit fertig gegart werden.

Die Sonnenwurzel

Helianthus strumosus

Familie der Korbblütler (Asteraceae)

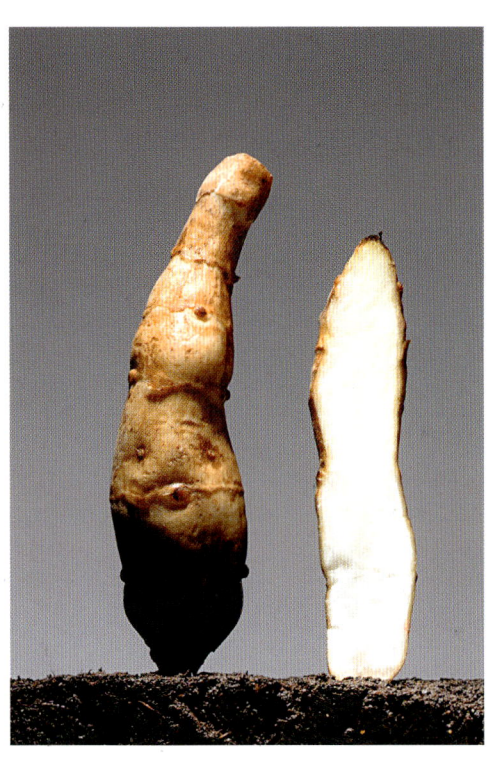

Gartensonnenwurzel

Wie der Topinambur gehört auch die Sonnenwurzel zur Gattung der Sonnenblumen (Helianthus). In der Pflanzenheilkunde setzt man die Rhizome bei Erkrankungen der Bronchien ein. Die Sonnenwurzel bevorzugt gut durchlüftete und gedüngte Böden. Pflanzzeit ist im Frühjahr (dabei ist auf ausreichenden Abstand zu achten); Ernte ab Spätherbst.

Man könnte sie auch den Topinambur der Armen nennen, was eigentlich eine Untertreibung wäre. Denn die braunen Rhizome, die sich unter der Erde verbergen, haben ein makelloses Fruchtfleisch. Nicht weniger bewundernswert sind ihre kleinen Sonnenblumenblüten.

Der Geruch der Sonnenwurzel, auch *Helianthi* genannt, erinnert ein wenig an den der Haferwurzel. Der Gattungsname *Helianthus* ist aus den griechischen Wörtern *helios*, Sonne, und *anthos*, Blüte, gebildet.

VERGESSEN – WIEDERENTDECKT Die ersten Sonnenwurzeln, die der Mensch aß, schmeckten unangenehm nach dem Inulin, das die Korbblütler speichern. Ganz anders unsere heutigen Gartenpflanzen, deren angenehm süßer Geschmack an Haselnüsse, Topinambur und Haferwurzeln erinnert.

HERKUNFT Die Sonnenwurzel ist eine bis zu 2 m hohe, verzweigte krautige Pflanze mit großen goldgelben, in der Mitte dunkleren Blütenköpfen. Die hellbraunen Wurzeln ähneln denen des Topinamburs, sind aber dünner und spitzer. Als Wildpflanze ist sie von Kanada (Neubraunschweig, Quebec, Ontario) bis nach Nordamerika (von Vermont bis Florida, Illinois und Texas) anzutreffen. Die Delaware-Indianer sammelten die Pflanzen in der Natur oder kultivierten sie. Die weißen Siedler machten es ihnen nach, und durch sie gelangte das Gemüse auch nach Europa.

ANBAU Die Sonnenwurzel bevorzugt ein gemäßigtes Klima und sonnige Standorte mit gut durchlüfteten, tiefgründigen und humusreichen Böden. Da die Pflanze sehr hoch wächst, braucht sie viel Platz. Das sollte man beim Pflanzen berücksichtigen. Pflanzzeit ist im März/April; Ernte etwa 6 Monate später. Kaninchen lieben die Stiele der Pflanze, und die Mäuse haben es auf ihre Wurzeln abgesehen.

LAGERUNG Das Gemüse sollte unmittelbar nach der Ernte verbraucht werden. Denn wie der Topinambur verdirbt auch die Sonnenwurzel rasch, wenn sie mit Luft in Berührung kommt, und das selbst im Keller oder im Kühlschrank. Binnen weniger Tage werden die Wurzeln schlaff, verfärben sich schwarz und beginnen unangenehm zu riechen.

SORTEN Es gibt keine zugelassenen Handelssorten. Die Pflanze wird allerdings wegen ihrer herrlichen gelben Blüten als Garten- und Zierpflanze kultiviert.

VERWENDUNG Die jungen Wurzeln werden wie Spargel zubereitet. Sonnenwurzeln schmecken vorzüglich, wenn man sie sautiert oder in der Pfanne brät. Man kann sie aber auch kochen und als Salat zubereiten. Da Topinambur oder Haferwurzeln einen sehr ähnlichen Geschmack haben, kann Sonnenwurzel jederzeit durch eines der beiden Gemüse ersetzt werden.

ERNÄHRUNGSPHYSIOLOGISCHE EIGENSCHAFTEN Sonnenwurzeln enthalten Stärke und einen speziellen Zucker, das Inulin, das den Korbblütlern (Echter Alant, Artischocke, Dahlie, Topinambur etc.) ihren typischen Geruch verleiht. Werden die Wurzeln nicht ausreichend gegart, kann Inulin Verdauungsstörungen verursachen. Sonnenwurzeln sind kalorienarm und reich an Ballaststoffen. Sie enthalten Vitamine sowie Kalium, Magnesium und andere Mineralstoffe.

Sonnenwurzelsuppe mit Süßkartoffel

Für 6 Personen
Zubereitung und Kochzeit: 45 Min.

Zutaten

1 mittelgroße Zwiebel
1 Knoblauchzehe
600 g Sonnenwurzeln
Zitronensaft
1 Süßkartoffel
Butter
Salz, Pfeffer
1,5 l Hühnerbrühe
fein gehacktes Koriandergrün

Zubereitung

Zwiebel und Knoblauch schälen und fein hacken. Die Sonnenwurzeln unter fließendem Wasser vorsichtig abbürsten und ungeschält in kleine Stücke schneiden. In Zitronenwasser legen, damit sie sich nicht verfärben. Die Süßkartoffel schälen und in Stücke schneiden. Etwas Butter in einem Topf zerlassen und die Zwiebel darin anschwitzen. Sonnenwurzeln, Süßkartoffel und Knoblauch dazugeben. Mit Salz und Pfeffer würzen. Mit der Brühe bedecken, aufkochen und etwa 25 Min. köcheln lassen. Die Suppe pürieren und mit Koriandergrün bestreut servieren.

Bunte Gemüsepfanne

Für 4 Personen
Zubereitung und Kochzeit: 1 Std. 10 Min.

Zutaten

200 g weiße Bohnen (z.B. Coco de Paimpol)
500 g Kartoffeln (z.B. La Ratte)
Salz
2 Haferwurzeln
1 Petersilienwurzel
4 Sonnenwurzeln
2 Schalotten
50 g Butter
Pfeffer
200 ml Gemüsebrühe
1 Handvoll Pinienkerne
Parmesan, in Späne gehobelt

Zubereitung

Die Bohnen auspalen, in kaltes Wasser geben, aufkochen und 1 Std. garen. Dann abgießen.

Inzwischen die Kartoffeln ungeschält etwa 15 Min. kochen und abschrecken. Wasser in einem Topf aufkochen und salzen. Haferwurzeln, Petersilienwurzel und Sonnenwurzeln schälen und 15 Min. darin kochen. Die Petersilienwurzel nach 5 Min. herausnehmen. Das Gemüse sollte bissfest sein.
Die Kartoffeln schälen und ebenso wie die Petersilienwurzel in 3 mm dicke Scheiben schneiden. Haferwurzeln in 2 cm große Stücke schneiden; Sonnenwurzeln längs halbieren und in 3 mm dicke Scheiben schneiden. Die Schalotten schälen und fein hacken.
Die Butter in einem großen Topf erhitzen. Kartoffeln und Petersilienwurzel leicht darin anbräunen. Schalotten, Sonnen- und Haferwurzeln dazugeben. Sparsam mit Salz und Pfeffer würzen. Das Gemüse bei starker Hitze unter Rühren anbräunen. Die Bohnen hinzufügen, die Brühe angießen und das Ganze bei starker Hitze unter häufigem Rühren etwa 12 Min. kochen lassen. Das Gemüse noch einmal abschmecken, mit Pinienkernen und Parmesan bestreuen und servieren.

Kartoffel-Sonnenwurzel-Salat mit gebratenen Rotbarben

Für 6 Personen
Zubereitung und Kochzeit: 1 Std.

Zutaten

500 g blaue Kartoffeln (z.B. Vitelottes)
1 Kopf Romasalat
4 graue Schalotten
1 Knoblauchzehe
500 g Sonnenwurzeln
Zitronensaft
Olivenöl
Salz, Pfeffer

6 Rotbarbenfilets
Balsamico-Essig
glatte Petersilie, gehackt

Zubereitung

Die Kartoffeln abbürsten und je nach Größe 20–25 Min. kochen. Etwas abkühlen lassen, schälen und in Scheiben schneiden.
Den Salat putzen, waschen und trockenschleudern. Die Blätter in große Stücke reißen. Schalotten und Knoblauch schälen und fein hacken. Die Sonnenwurzeln schälen, in Scheiben schneiden und in Zitronenwasser legen.
Olivenöl in einer Sauteuse erhitzen und die Sonnenwurzeln darin anbräunen. Die Wärmezufuhr verringern, das Gemüse 20 Min. zugedeckt garen und mit Salz und Pfeffer würzen.
Inzwischen die Kartoffeln in etwas Olivenöl braten.
Die Fischfilets entgräten und mit Salz und Pfeffer würzen. Olivenöl in einer Pfanne erhitzen und die Fischfilets darin auf jeder Seite 6 Min. braten.
Eine Salatschüssel mit den Salatblätter auslegen und nacheinander die Kartoffeln und die Sonnenwurzeln darauf verteilen. Aus Essig, Öl, Salz und Pfeffer eine Vinaigrette herstellen und über das Gemüse gießen. Die Fischfilets darauf anrichten. Das Ganze mit Schalotten, Knoblauch und Petersilie bestreuen.

Sonnenwurzelsuppe mit Räucherspeck

Für 6 Personen
Zubereitung und Kochzeit: 1 Std.

Zutaten

600 g Sonnenwurzeln
1 mittelgroße Zwiebel
1 Knoblauchzehe
Olivenöl
1,5 l Gemüsebrühe
1 Kräutersträußchen
Salz, Pfeffer
100 g durchwachsener Räucherspeck
200 g Crème fraîche
glatte Petersilie, gehackt

Zubereitung

Die Sonnenwurzeln schälen und in Stücke schneiden. Zwiebel und Knoblauch schälen und fein schneiden.

Olivenöl in einem Topf erhitzen. Die Zwiebel darin anschwitzen. Knoblauch und Sonnenwurzeln dazugeben und 3–4 Min. anschwitzen. Die Gemüsebrühe angießen, das Kräutersträußchen hinzufügen und mit Salz und Pfeffer würzen. Aufkochen lassen und zugedeckt 35 Min. köcheln lassen.

Den Speck in Streifen schneiden, in einer Pfanne knusprig ausbraten und warm stellen.

Den Topfinhalt pürieren. Die Suppe noch einmal mit Salz und Pfeffer abschmecken. Crème fraîche und Speck einrühren. Mit Petersilie bestreuen und servieren.

Ob man die Sonnenwurzeln schält oder nicht, ist eine Frage des Geschmacks. Allerdings macht die Schale die Suppe besonders cremig.

Warmer Sonnenwurzelsalat mit Walnussöl

(auf dem Foto rechts)
Für 4 Personen
Zubereitung und Kochzeit: 35 Min.

Zutaten

400 g Sonnenwurzeln
Salz, Pfeffer
1 EL Weinessig
Walnussöl
glatte Petersilie, gehackt

Zubereitung

Die Sonnenwurzeln schälen, in dicke Scheiben schneiden und 15–20 Min. in kochendem Salzwasser garen, bis sie weich sind. Mit einem Messer hineinstechen, um die Garprobe zu machen, abgießen und etwas abkühlen lassen.

Aus Salz, Pfeffer, Essig und Walnussöl eine Vinaigrette herstellen.

Die Sonnenwurzeln in eine Salatschüssel füllen, mit der Vinaigrette beträufeln und mit Petersilie bestreuen.

Die Sonnenwurzel und der Topinambur haben einen sehr ähnlichen Geschmack. Deshalb lässt sich dieser Salat ohne Weiteres auch mit Topinambur zubereiten.

Der Topinambur

Helianthus tuberosus

Familie der Korbblütler (Asteraceae)

Rouge du Limousin

Hier ein Rezept des berühmten französischen Küchenchefs François-Pierre de La Varenne (1618–1678) aus seinem Buch *Le Cuisinier François* (*Der französische Koch*): »Die Topinamburs in der Kohlenglut garen. Sodann müssen sie geschält und in Scheiben geschnitten und mit frischer Butter, einer Zwiebel, Salz, Pfeffer und Essig frikassiert werden. Alsdann serviert man sie mit Muskatnuss.« Pflanzzeit ist im Herbst; Ernte von Oktober bis April.

Sie stammt ursprünglich zwar aus Nordamerika, benannt ist die Pflanze, die im 17. Jahrhundert durch französische Seefahrer nach Frankreich gelangte, jedoch nach dem brasilianischen Indianervolk der Tupinambá.

Der Topinambur hat viele Namen. Man nennt ihn auch Erdbirne, Erdapfel, Indianerknolle oder Ewigkeitskartoffel. Die Geschmacksähnlichkeit mit der Artischocke hat ihm darüber hinaus die Bezeichnungen Erdartischocke und Jerusalemartischocke eingebracht.

VERGESSEN – WIEDERENTDECKT Der Topinambur galt wie die Steckrübe lange Zeit als »Kriegsgemüse«, das für die Entbehrungen der Kriegs- und Nachkriegsjahre stand. Deshalb wurde es nicht nur aus der Küche verbannt, es war regelrecht verschrien, ja sogar verhasst. Bis es vor nicht allzu langer Zeit die Gaumen mit seinem intensiven, feinen Geschmack wieder eroberte.

HERKUNFT Der Topinambur ist ein naher Verwandter der Sonnenblume und der Sonnenwurzel. Der Korbblütler kann bis zu 4 m hoch werden und trägt große Sonnenblumen mit braunschwarzen Blütenköpfen und einem Kranz leuchtend gelber Blütenblätter. Die nährstoffreichen essbaren Rhizome der Pflanze, die in der Form dem Ingwer ähneln, sind seit vielen tausend Jahren ein hoch geschätztes Nahrungsmittel der Indianer – und der Bären – Nordamerikas. Erstere sammeln die Knollen in der Prärie, wo die Pflanze wild wächst, oder bauen sie rund um ihre Dörfer an. Von ihnen lernten die ersten weißen Siedler, wie man die Knollen zubereitet. Im Jahr 1605 gelangte das Gemüse auch nach Europa, und zwar zunächst nach Frankreich. Schon bald wurde der Topinambur in ganz Europa, bis in die Ukraine und nach Russland, kultiviert. Im 18. Jahrhundert wurde er von der Kartoffel verdrängt, und der Zweite Weltkrieg brachte ihm den Ruf einer »Kartoffel der Armen« ein

ANBAU Das widerstandsfähige Gemüse stellt keine Ansprüche an den Boden und kommt mit wenig Dünger aus. Manche Gärtner beklagen sogar, dass die Pflanze alles überwuchert, und derzeit plant man sogar (welch abscheuliche Vorstellung!), sie zur Herstellung von Biokraftstoff zu verwenden.

LAGERUNG Die Knollen müssen unmittelbar nach der Ernte verbraucht werden, da sie an der Luft austrocknen, weich werden und sich schwarz verfärben. Im Keller, in Sand eingegraben, lassen sie sich jedoch einige Zeit aufbewahren. Beim Einkauf darauf achten, dass die Schale makellos ist, und möglichst kleine, feste Knollen auswählen.

SORTEN In Deutschland gibt es derzeit keine geschützte Topinambursorte. Auf den Märkten findet man rote, rotviolette und gelbe Sorten; letztere sind am schmackhaftesten und den beiden anderen deshalb vorzuziehen.

VERWENDUNG Die Knollen müssen nicht geschält werden; die Schale verleiht ihnen sogar einen noch intensiveren Geschmack. Es genügt, sie unter fließendem Wasser abzubürsten. Topinambur eignet sich nicht zum Rohverzehr. In der Regel wird er gedünstet oder gedämpft und heiß oder kalt serviert. Sehr gut schmeckt er in gemischten Salaten, aber auch als Gratin oder Püree, als Beilage zu weißem Fleisch, in einer Sahne- oder Béchamelsauce. Er kann sogar zur Süßspeise (mit Zimt in der Pergamenthülle gegart) verarbeitet werden.

ERNÄHRUNGSPHYSIOLOGISCHE EIGENSCHAFTEN
Topinambur enthält Stärke und Inulin. Letzteres kann, wenn das Gemüse nicht ausreichend lange gekocht wurde, leichte Verdauungsbeschwerden verursachen. Er ist relativ kalorienarm, reich an Ballaststoffen und enthält Vitamine, Kalium und viele andere Mineralstoffe.

Bresse-Huhn mit Topinambur und Schneepilzen

Für 4 Personen
Zubereitung und Kochzeit: 1 Std. 15 Min.

Zutaten

1 küchenfertiges Bresse-Huhn (1,5 kg)
Salz
50 g Butter
50 ml Geflügelfond
Pfeffer
1 kg Topinambur
Zitronensaft
500 g Schneepilze (Märzschnecklinge, ersatzweise Morcheln)
2 EL Crème fraîche épaisse*

Zubereitung

Das Huhn in 4 Stücke zerteilen und salzen.
Die Butter in einem Schmortopf zerlassen und die Stücke bei starker Hitze anbraten. Den Geflügelfond zufügen, aufkochen lassen und die Wärmezufuhr danach verringern. Mit Pfeffer würzen, den Deckel auflegen und das Huhn etwa 45 Min. garen. Das Fleisch dabei gelegentlich mit dem Fond begießen, eventuell noch etwas Wasser zugeben.
Den Topinambur schälen, in 3 mm dicke Scheiben schneiden und in Zitronenwasser legen. Die Pilze putzen. Die Stiele abschneiden und halbieren, die Köpfe vierteln.
Topinambur und Pilze in den Schmortopf geben, umrühren und das Ganze weitere 20 Min. schmoren lassen. Anschließend mit Salz und Pfeffer abschmecken.
Fleisch und Topinambur auf einer Platte anrichten. Crème fraîche in den Fond einrühren und diesen so lange einkochen lassen, bis eine cremige Sauce entstanden ist. Das Huhn mit der Sauce überziehen und servieren.
Schneepilze oder Märzschnecklinge gedeihen in 800 bis 1000 m Höhe unter Nadelbäumen oder Buchen. Man findet sie von Februar bis April unter der Schneedecke. Ersatzweise eignen sich Morcheln.

Gebratener Topinambur mit Knollenziest und Ziegenkäse

Für 4 Personen
Zubereitung und Kochzeit: 55 Min.

Zutaten

100 g Knollenziest
grobes Meersalz
300 g Topinambur
Zitronensaft
1 Schalotte
Olivenöl
gehackte Sellerieblätter
1 kleiner Zweig Thymian
Salz, Pfeffer
1 Rolle Ziegenweichkäse, in dünne Scheiben geschnitten

Zubereitung

Den Backofen auf 200 °C vorheizen.
Den Knollenziest in einem Geschirrtuch mit grobem Salz abreiben und unter fließendem Wasser waschen. 7 Min. in Salzwasser kochen, abgießen und abtropfen lassen. Den Topinambur schälen, unter fließendem Wasser waschen und 15 Min. in gesalzenem Zitronenwasser kochen. Abgießen und abtropfen lassen. Die Schalotte schälen und fein hacken. Lange Topinamburknollen längs halbieren und danach vierteln.
Olivenöl in einer Sauteuse erhitzen und die Schalotte darin anschwitzen. Knollenziest sowie Topinambur dazugeben und anbräunen. Selleriegrün und Thymian hinzufügen. Mit Salz und Pfeffer würzen und umrühren.
Das Gemüse in eine feuerfeste Form füllen, mit den Käsescheiben belegen und etwa 15 Min. im Backofen garen, bis der Käse geschmolzen ist.

Sautierter Topinambur

Für 4 Personen
Zubereitung und Kochzeit: 45 Min.

Zutaten

500 g Topinambur
Salz
Butter

Zubereitung

Den Topinambur unter fließendem kaltem Wasser abbürsten. In Salzwasser in 20–25 Min. bissfest garen. Abgießen und abtropfen lassen. Die Knollen kurz abkühlen lassen, schälen und je nach Größe halbieren oder vierteln.
Butter in einer Sauteuse erhitzen und die Stücke in einer Schicht darin verteilen. Einige Minuten bei starker Hitze braten, bis der Topinambur weich ist. Mit Salz würzen und servieren.

Topinambursuppe mit Salbei-Croûtons

Für 6 Personen
Zubereitung und Kochzeit: 1 Std. 40 Min.

Zutaten

750 g Topinambur
Zitronensaft
4 Knoblauchzehen
1 große Kartoffel
1 Stange Lauch
6 Salbeiblätter
1 Zweig Thymian, 1 Lorbeerblatt
1 Fenchelknolle
1 Stange Sellerie
1 Zwiebel
80 g durchwachsener Räucherspeck
Butter
Salz, Pfeffer
2 Scheiben Landbrot, entrindet
Olivenöl

Zubereitung

Den Topinambur schälen, klein schneiden und in Zitronenwasser legen. 3 Knoblauchzehen schälen und hacken. Die Kartoffel schälen. Den Lauch putzen und waschen. Den grünen Teil abschneiden und mit 2 Salbeiblättern, Thymian und Lorbeer zu einem Kräutersträußchen binden. Den weißen Schaft in feine Ringe schneiden. Fenchel und Sellerie würfeln. Die Zwiebel schälen und hacken. Den Speck würfeln.
Butter in einer Kasserolle zerlassen und den Speck 5–6 Min. unter Rühren darin anbraten. Zwiebel, Fenchel, Sellerie, Lauch, Knoblauch und das Kräutersträußchen dazugeben. Das Ganze 5 Min. unter Rühren anschwitzen. Den Topinambur dazugeben und in 15 Min. unter gelegentlichem Rühren weich dünsten.
Das Gemüse mit reichlich Wasser bedecken, die klein geschnittene Kartoffel hinzufügen und leicht mit Salz und Pfeffer würzen. Aufkochen und 35 Min. köcheln lassen.
Für die Croûtons das Brot in Würfel schneiden. Restlichen Salbei fein hacken. Restliche Knoblauchzehe ungeschält zerdrücken. Olivenöl in einer Pfanne erhitzen. Brotwürfel, Salbei und Knoblauchzehe darin bei mittlerer Hitze goldbraun rösten. Den Knoblauch anschließend entfernen.
Kräutersträußchen sowie Speck aus der Kasserolle nehmen, den Topfinhalt zu einer sämigen

Suppe pürieren und diese noch einmal abschmecken.

Speck und Croûtons getrennt zur Suppe servieren.

Gebratene Seebarschfilets mit glasiertem Topinambur

(auf dem Foto rechts)
Für 4 Personen
Zubereitung und Kochzeit: 50 Min.

Zutaten

1 kg Topinambur
Salz
2 EL Butter
1 Zwiebel, fein gehackt
1 TL Zucker
Pfeffer
100 ml trockener Wermut
1 EL Hühnerbrühe
3 EL Olivenöl
800 g Seebarschfilets

Zubereitung

Topinambur schälen und in 2 cm dicke Scheiben schneiden. 5 Min. in kochendem Salzwasser blanchieren, abgießen und abtropfen lassen.

Butter in einer Sauteuse zerlassen und die Zwiebel darin anschwitzen. Topinambur dazugeben, mit Salz und Pfeffer würzen, den Zucker darüberstreuen und umrühren. Mit dem Wermut ablöschen, die Brühe hinzufügen und das Gemüse 30 Min. zugedeckt köcheln lassen.

Olivenöl in einer Pfanne kräftig erhitzen. Die Fischfilets darin 5 Min. auf der Hautseite braten, wenden und 3 Min. auf der anderen Seite braten. Mit Salz und Pfeffer würzen. Alles zusammen servieren.

Den Topinambur nach Belieben noch mit gehobeltem Trüffel verfeinern. Das Trüffelaroma harmoniert vorzüglich mit dem Gemüse.

Topinambur à la crème auf frischen Tagliatelle

Für 4 Personen
Zubereitung und Kochzeit: 35 Min.

Zutaten

400 g Topinambur
Salz
Zitronensaft
800 g frische Bandnudeln
Olivenöl
500 g Crème fraîche
1 gestr. TL edelsüßes Paprikapulver

Zubereitung

Den Topinambur schälen, in dünne Scheiben schneiden und 10 Min. in gesalzenem Zitronenwasser kochen, dabei darauf achten, dass er nicht zerfällt. Anschließend abgießen und abtropfen lassen.

Reichlich Wasser zum Kochen bringen, salzen und die Tagliatelle 3 Min. darin garen. Abgießen, auf eine vorgewärmte Platte geben und mit etwas Olivenöl beträufeln.

Während die Nudeln kochen die Crème fraîche mit dem Paprikapulver verrühren und mit Salz würzen. Aufkochen lassen, den Topinambur hineingeben, umrühren und noch einmal abschmecken. Den Topinambur mitsamt der Sauce auf den Nudeln anrichten.

Die Pastinake

Pastinaca sativa var. sativa
Familie der Doldenblütler (Apiaceae)

Demi-long de Guernesey

In ihrer Heimat Frankreich wird diese halblange weiße Sorte auch »weiße Karotte« genannt. Dem wachsenden Verbraucherbewusstsein ist es zu verdanken, dass sie gerade wieder eine Renaissance erlebt, und das nicht nur auf den Märkten, sondern auch in den Supermärkten. Der kritische Verbraucher von heute weiß eben: Ein gutes altes Gemüse ist immer ein Biogemüse. Aussaat (breitwürfig oder in Reihe) von März bis Juni; später werden die jungen Pflanzen vereinzelt; Erntebeginn 4 Monate nach der Aussaat.

Man könnte die große weiße Pfahlwurzel fast als »Urmöhre« bezeichnen. Hat sie sich doch bis heute Geschmack und Aussehen der Wildpflanze bewahrt.

Der Name Pastinake ist vom lateinischen *pastus*, Speise, abgeleitet. Bekannt ist sie auch als Moorwurzel, Hammelsmöhre oder Hirschmöhre. Aufgrund der starken Ähnlichkeit mit der Wurzelpetersilie bezeichnet man sie gelegentlich auch als »Welsche Petersilie«.

VERGESSEN – WIEDERENTDECKT Aufgrund dieser Ähnlichkeit – Wurzelpetersilie und Pastinake sind fast identisch aufgebaut – wurden und werden die beiden Gemüse gerne miteinander verwechselt. Als im 19. Jahrhundert die leuchtend orange Karotte ihren Siegeszug antrat, verblasste die farblose Pastinake buchstäblich neben ihr und wurde, mit Ausnahme von Großbritannien, Nordeuropa, Kanada und Nordamerika, immer weniger angebaut. Erst in den letzten Jahren hat sie die Gemüsegärten wiedererobert.

HERKUNFT Die Gemüsepastinake ist aus der in ganz Europa und Nordasien verbreiteten Wildform der Pflanze, dem Wiesen-Pastinak, hervorgegangen. Die kräftige zweijährige Pflanze mit den gefiederten Blättern und der weißen oder gelblichen Pfahlwurzel mit der rauen Schale und den vielen Seitenwurzeln hat sich bis heute das Aussehen der Wildpflanze bewahrt. Das Gemüse, das sich schon bei den Römern großer Beliebtheit erfreute, findet sich auch unter den etwa 100 Pflanzen, die im *Capitulare de villis*, der Landgüterverordnung Karls des Großen, aufgeführt sind.

ANBAU Man kann die Wurzeln der Wildpflanze in der Natur sammeln. Dabei ist allerdings Vorsicht geboten, denn die Berührung mit der Brennpastinake kann Hautreizungen verursachen. Im Garten bevorzugt das Gemüse gut durchlüftete, schwere Böden und ein maritimes Klima. Aussaat ist von März bis Juni. Die Wurzeln können in der Erde überwintern. Durch die Kälte bekommen sie sogar einen noch süßeren Geschmack. Die Erntezeit beginnt im Juli und dauert bis zum ersten Schnee.

LAGERUNG Beim Einkauf darauf achten, dass die Wurzeln schön fest sind. In einem perforierten Plastikbeutel hält sich das Gemüse 2 Wochen im Kühlschrank. Im Keller in Sand eingegraben überdauert es einen ganzen Winter. Am besten schmeckt es allerdings frisch geerntet.

SORTEN Die verschiedenen Sorten unterscheiden sich hauptsächlich in der Länge, d.h. es gibt Sorten mit kurzen, halblangen und langen Wurzeln. Die halblangen Sorten ähneln in der Form stark der Karotte. Die langen Sorten (bis zu 45 cm), zu denen etwa die Lange Weiße zählt, sind der Wildform am ähnlichsten. Die in Deutschland meistangebaute Sorte ist die Halblange Weiße.

VERWENDUNG Die Pastinake ist ein sehr vielseitiges Gemüse. Man kann daraus Suppen herstellen, kann sie wie Kartoffeln kochen, pürieren oder gratinieren. Und sie eignet sich auch zum Rohverzehr, geraspelt und mit Öl und Zitronensaft als Salat mariniert. Die jungen Wurzeln der Wildformen – ebenso wie die noch nicht entfalteten Blätter – kann man fein geschnitten zu Fleisch- und Fischgerichten servieren.

ERNÄHRUNGSPHYSIOLOGISCHE EIGENSCHAFTEN
Pastinaken enthalten mehr Vitamine und Mineralstoffe als Karotten. Das stärkehaltige Gemüse ist besonders reich an Kalium (600 mg pro 100 g) und Folsäure.

Pastinakenpüree

Für 4 Personen
Zubereitung und Kochzeit: 30 Min.

Zutaten

750 g Pastinaken
Salz
1 Knoblauchzehe
20 g Butter
2 EL Sahne
Pfeffer

Zubereitung

Die Pastinaken schälen, klein schneiden und 15 Min. in Salzwasser kochen. Mit einem Messer einstechen, um die Garprobe zu machen. Abgießen, abtropfen lassen und durch eine Kartoffelpresse drücken.
Die Knoblauchzehe schälen, dazupressen und gemeinsam mit der Butter unterrühren. Das Püree mit Salz und Pfeffer abschmecken. Die Sahne untermischen das Püree und noch einmal abschmecken.

Pastinakensamtsuppe mit Knollenkerbelchips

Für 6 Personen
Zubereitung und Kochzeit: 50 Min.

Zutaten

500 g Pastinaken
1 große Kartoffel
2 Zwiebeln
1 Stange Lauch (nur das Weiße)
Olivenöl
1,5 l Hühnerbrühe
1 Kräutersträußchen
Salz, Pfeffer
200 g Knollenkerbel
50 g Crème fraîche

Zubereitung

Das Gemüse waschen. Pastinaken, Kartoffel und Zwiebeln schälen. Pastinaken und Kartoffel grob würfeln. Zwiebeln und Lauch fein schneiden und in einem großen Topf in etwas Olivenöl anschwitzen. Die Pastinaken zugeben, mit Brühe bedecken, die Kartoffel und das Kräutersträußchen hinzufügen. Mit Salz würzen, aufkochen und zugedeckt etwa 35 Min. köcheln lassen.
Inzwischen den Knollenkerbel schälen, waschen und auf einem Gemüsehobel in hauchdünne

Scheiben hobeln. 3 EL Olivenöl in einer Pfanne kräftig erhitzen. Die Kerbelscheiben darin auf beiden Seiten goldbraun braten. Die Chips auf Küchenpapier abtropfen lassen.
Die Suppe pürieren und eventuell noch etwas Brühe hinzufügen, die Suppe sollte sämig sein. Mit Salz und Pfeffer abschmecken und die Crème fraîche einrühren. Die Suppe noch einmal erhitzen, aber nicht mehr kochen lassen. Mit Olivenöl beträufeln und zusammen mit den Chips servieren.

Pastinakensoufflé mit Sauerampfer und Muskat

Für 6 Personen
Zubereitung und Kochzeit: 1 Std. 30 Min.

Zutaten

450 g Pastinaken
Salz
1 Handvoll Sauerampferblätter
½ Knoblauchzehe, fein gehackt
50 g Butter
50 g Mehl
250 ml Milch
Pfeffer
frisch geriebene Muskatnuss
2 Eier, getrennt

Zubereitung

Die Pastinaken schälen, klein schneiden und in einen Topf mit kochendem Salzwasser geben. Den Deckel auflegen und das Gemüse bei geringer Hitze etwa 20 Min. garen.
Den Backofen auf 200 °C vorheizen. Wasser in einem Topf zum Kochen bringen und die Sauer-

ampferblätter einzeln kurz hineintauchen. 6 kleine Auflaufformen mit den Blättern auskleiden.
Die Pastinaken abgießen, durch die feine Scheibe einer Gemüsemühle drehen oder pürieren. Den Knoblauch unterrühren.
Die Butter in einer Kasserolle zerlassen. Das Mehl darin anschwitzen, die Milch langsam einrühren und die Sauce 3 Min. unter Rühren kochen lassen. Mit Salz, Pfeffer und Muskat abschmecken. Den Topf vom Herd nehmen und die Eigelbe unterziehen. Die Sauce mit dem Pastinakenpüree verrühren. Nochmals mit Salz und Pfeffer würzen.
Die Eiweiße zusammen mit 1 Prise Salz sehr steif schlagen und vorsichtig unter das Püree ziehen. Die Masse in die Förmchen füllen, in ein Wasserbad stellen und die Soufflés 35–40 Min. im Backofen garen, bis sie aufgegangen und oben leicht gebräunt sind.

Gratin dauphinois von Pastinaken und Kartoffeln

Für 6 Personen
Zubereitung und Kochzeit: 1 Std. 20 Min.

Zutaten

500 g Pastinaken
1 kg Kartoffeln (z.B. Œil de Perdrix)
1 l Milch
3 Knoblauchzehen
Salz, Pfeffer
Butter
frisch geriebene Muskatnuss
500 g Sahne

Zubereitung

Den Backofen auf 200 °C vorheizen.
Pastinaken und Kartoffeln schälen, waschen und in relativ dünne Scheiben schneiden.
Die Milch erhitzen. 2 Knoblauchzehen schälen und zerdrücken. In die Milch geben, diese salzen, pfeffern und aufkochen lassen. Pastinaken und Kartoffeln darin 10 Min. garen.
Die restliche Knoblauchzehe schälen und halbieren. Eine Gratinform damit ausreiben und mit Butter einfetten. Das Gemüse mit einem Schaumlöffel aus der Milch heben, in die Form füllen und mit Salz, Pfeffer und Muskat bestreuen.
Mit der Sahne bedecken, mit Butterflöckchen besetzen und 45–60 Min. auf der mittleren Schiene des Backofens gratinieren. Mit einem Messer hineinstechen, um die Garprobe zu machen.

Pastinaken-Cake

Für 8–10 Personen
Zubereitung und Backzeit: 1 Std. 10 Min.

Zutaten

275 g Pastinaken
275 g Mehl
275 g Farinzucker
1 Päckchen Backpulver
1 Päckchen Vanillezucker
2 TL Zimtpulver
2 TL gemahlener Ingwer
1 Prise Salz
2 EL Öl
4 Eier

Zubereitung

Den Backofen auf 200 °C vorheizen.
Eine Kasten- oder Rundform (25 cm Durchmesser) mit Backpapier auskleiden. Die Pastinaken schälen und reiben.
Das Mehl in einer großen Schüssel mit Zucker, Backpulver, Vanillezucker, den Gewürzen und Salz mischen. Die geriebenen Pastinaken untermengen. Das Öl und danach die Eier einzeln unterrühren.
Den Teig in die Form füllen und 45–50 Min. backen, bis er aufgegangen und goldbraun ist. Mit einem Messer hineinstechen, um die Garprobe zu machen; das Messer muss sauber bleiben.
Den Kuchen 10 Min. in der Form abkühlen lassen, anschließend stürzen und nach Belieben mit Puderzucker bestäuben.

Pastinakenstifte aus dem Ofen

(auf dem Foto oben)
Für 4 Personen
Zubereitung und Kochzeit: 45 Min.

Zutaten

1 kg Pastinaken
½ Zitrone, 100 ml Olivenöl
2 TL gemahlener Koriander
2 TL gemahlener Kreuzkümmel
Salz, Pfeffer
100 g flüssiger Honig

Zubereitung

Den Backofen auf 220 °C vorheizen.
Die Pastinaken unter fließendem Wasser abbürsten und die Schale mit der Zitrone abreiben. Die Wurzeln in Stifte in der Größe von Pommes frites schneiden.
Das Öl sorgfältig mit den Gewürzen, Salz, Pfeffer sowie Honig verrühren. Die Pastinakenstifte in einer Schicht auf einem Backblech verteilen. Mit dem Würzöl übergießen und gründlich darin wenden. Die Stifte etwa 20 Min. auf der mittleren Schiene des Backofens garen, bis sie weich und goldbraun sind.
Kleinere Mengen können auch in einer Sauteuse gebraten werden, dabei werden die Pastinaken allerdings sehr schnell weich. Deshalb muss man sehr darauf achten, dass sie nicht verbrennen oder zerfallen.

Die Schwarzwurzel und die Haferwurzel

Scorzonera hispanica et Tragopogon porrifolius
Familie der Korbblütler (Asteraceae)

Einjähriger Riese

Beim Einjährigen Riesen handelt es sich nicht um eine zugelassene Handelssorte, sondern um eine Mischform mit besonders großen Wurzeln. Der Milchsaft, der sich unter der schwarzen Schale verbirgt, ist nicht so bitter wie der des Löwenzahns. Die Aussaat (in Reihe und in ausreichendem Abstand) erfolgt im März/April; Erntebeginn ist im Spätsommer.

Scorzone ist im Italienischen die Bezeichnung für eine giftige schwarze Schlange. Daher auch der Gattungsname Scorzonera. Tatsächlich hat die lange dunkle Wurzel etwas von einer Schlange, wenn man sie aus der Erde zieht. Vielleicht war sie es ja, die Eva in Versuchung führte …

»Scorzoner Wurzel« ist daher neben »Winterspargel« auch ein anderer gebräuchlicher Name für das Gemüse. Bocksbart, Weißwurzel, Weiße Schwarzwurzel und Salsifis sind andere Bezeichnungen der Haferwurzel. Der botanische Name Tragopopon (Bockbart) spielt auf die Bärte ihrer Früchte an.

VERGESSEN – WIEDERENTDECKT Andere Etymologen vermuten, dass der Name *Scozonera* vom katalanischen Wort *escurço*, kleine Schlange, abgeleitet ist. Wurde die Schwarzwurzel doch im Mittelalter als Mittel gegen Schlangengift eingesetzt. Die Pflanze wird bereits seit vielen Jahrhunderten als Gemüse kultiviert. Man hat sie nicht nur vernachlässigt, weil sie nicht ertragreich genug war, sondern auch, weil sich die Hände beim Schälen schwarz färben.
Die Haferwurzel, die schon auf einem Gemälde dargestellt wurde, das man in Pompeji fand, ist dagegen nie aus den Gemüsegärten verschwunden, auch wenn sie als Gemüse nicht besonders geschätzt wurde. Doch nun kommen die beiden Wurzeln – mit Fug und Recht – zu neuen Ehren.

HERKUNFT Die Schwarzwurzel ist vom Kaukasus bis nach Spanien verbreitet, wo man sie auch kultiviert. Die ursprünglich im Mittelmeerraum beheimatete Haferwurzel wurde im Laufe der Zeit in allen gemäßigten Zonen heimisch. Im antiken Griechenland kannte man sie unter ihrem heutigen botanischen Namen *tragopogon*.

ANBAU Bei beiden Gemüsen isst man die Pfahlwurzel. Die Haferwurzel mit der gelblichen oder bräunlichen behaarten Schale und dem fasrigen Fruchtfleisch genießt kein so hohes Ansehen wie die Schwarzwurzel, unter deren schwarzer Schale sich ein feineres, weniger fasriges und ergiebigeres Fruchtfleisch verbirgt. Die Schwarzwurzel ist eine ausdauernde, winterharte krautige Pflanze, die bei sachgemäßer Ernte (die im Unterschied zur Haferwurzel auch während der Blütezeit erfolgen kann) immer wieder neue Wurzeln ausbilden kann. Der Geschmack der Schwarzwurzel ist mit dem der Auster und des Spargels vergleichbar. Schwarzwurzeln bevorzugen lockere, leichte und tiefgründige Böden, denn die Wurzeln reichen mehr als 50 cm in die Tiefe.

LAGERUNG Die Wurzeln sollten fest und nicht zu dick sein, sie sind dann jünger und zarter. In Küchenpapier eingeschlagen kann das Gemüse einige Tage im Gemüsefach des Kühlschranks aufbewahrt werden.

SORTEN. Schwarzwurzeln: Einjähriger Riese, Russischer Riese, Duplex etc. Haferwurzeln: Sandwich Island Mammouth.

VERWENDUNG Beim Schälen (dabei muss man einen Gewichtsverlust von 40 Prozent einkalkulieren) trägt man am besten Einmalhandschuhe, damit sich die Hände nicht schwarz färben. Das Gemüse nach dem Schälen sofort in Zitronenwasser legen, damit es nicht braun wird. Schwarzwurzeln und Haferwurzeln haben eine lange Garzeit. Nach dem Kochen können sie kalt als Salat oder heiß – sautiert, gedämpft, gebraten, frittiert oder als Gratin – serviert werden. Sehr zu empfehlen: Kombinieren Sie das Gemüse einmal mit Trüffeln. Die jungen Blätter können roh als Salat zubereitet werden.

ERNÄHRUNGSPHYSIOLOGISCHE EIGENSCHAFTEN Beide Gemüse sind relativ kalorienarm und enthalten Vitamin B und E sowie verdauungsfördernde Ballaststoffe. Sie sind reich an Kalium, Calcium und Magnesium und enthalten darüber hinaus Mangan, das wichtig für Knochen, Gelenke und Knorpel sowie für den Cholesterinstoffwechsel ist.

Noir rustique

Es gibt Haferwurzeln mit heller und dunklerer Schale. Ein gewisser Nachteil sind ihre leicht gedrehte Form und das fasrige Fruchtfleisch. Ihr Geschmack macht das allerdings wieder wett. Die Aussaat erfolgt im Frühjahr. Im Unterschied zur Schwarzwurzel, die ein ganzes Jahr ohne Geschmackseinbußen überdauern kann, müssen Haferwurzeln im ersten Jahr verbraucht werden.

Haferwurzelgratin mit Mont d'Or

Für 4 Personen
Zubereitung und Kochzeit: 50 Min.

Zutaten

1 Vacherin Mont d'Or*
(Weichkäse aus Kuhmilch)
1 l Gemüsebrühe
500 ml Milch
Salz, Pfeffer
1 kg Haferwurzeln
Saft von ½ Zitrone
Butter

Zubereitung

Den Backofen auf 200 °C vorheizen.
Die Rinde des Mont d'Or oben abschneiden und den Käse während des Vorheizens im Backofen weich werden lassen. Herausnehmen und klein schneiden.
Die Gemüsebrühe mit der Milch verrühren und erhitzen. Den Käse zufügen und unter Rühren darin schmelzen lassen. Mit Salz und Pfeffer abschmecken. Die Sauce warm halten.
Die Haferwurzeln schälen, in 5–7 cm große Stücke schneiden und 10 Min. in reichlich gesalzenem Zitronenwasser kochen. Mit einem Messer einstechen, um die Garprobe zu machen, abgießen und abtropfen lassen.
Eine Gratinform mit Butter einfetten und die Haferwurzeln einfüllen. Mit der Käsesauce übergießen und im Backofen in 15–20 Min. goldbraun überbacken.
Sollten Sie auf einer Wiese Haferwurzelblüten finden, können Sie das fertige Gratin damit bestreuen. Die Blüten haben einen feinen, leicht bitteren Geschmack.

Schwarzwurzelsalat mit Räucherschinken

Für 6 Personen
Zubereitung und Kochzeit: 1 Std. 20 Min.

Zutaten

800 g Schwarzwurzeln
Salz
1 TL scharfer Senf
Cidre-Essig, 3 EL Rapsöl
Pfeffer
150 g roher, geräucherter Schinken
3 Eier, hart gekocht
glatte Petersilie, gehackt

Zubereitung

Die Schwarzwurzeln gründlich waschen, schälen und nochmals waschen. In 3 cm lange Stücke schneiden und 40 Min. in Salzwasser garen. Abgießen und abkühlen lassen.
Für die Vinaigrette den Senf mit etwas Essig verrühren, nach und nach das Öl einrühren. Mit Pfeffer würzen.
Den Schinken in feine Streifen schneiden. Die Eier schälen und grob zerdrücken.
Die Schwarzwurzeln in eine Salatschüssel füllen, Schinken und Eier darauf verteilen und die Vinaigrette darübergießen. Den Salat vorsichtig durchmischen, mit Petersilie bestreuen, mit Frischhaltefolie abdecken und bis zum Servieren kühl stellen.

Schwarzwurzelgemüse

Für 6 Personen
Zubereitung und Kochzeit: 1 Std.

Zutaten

800 g Schwarzwurzeln
Saft von 2 Zitronen
1 Zwiebel
Butter
Mehl
Salz, Pfeffer
2 Eier
glatte Petersilie, gehackt

Zubereitung

Die Schwarzwurzeln waschen, schälen und in 10 cm lange Stücke schneiden. Dicke Exemplare der Länge nach halbieren. Die Schwarzwurzeln bis zum Garen in Zitronenwasser legen.
Die Zwiebel schälen, fein schneiden und in heißer Butter anschwitzen. Die Schwarzwurzeln mit Küchenpapier trocken tupfen, zur Zwiebel geben und zugedeckt 15 Min. bei mittlerer Hitze garen. Mit Mehl bestäuben und unter Rühren anbräunen. 150 ml Wasser angießen und mit Salz würzen.
Den Deckel wieder auflegen, die Wärmezufuhr verringern und das Gemüse in etwa 30 Min. weich garen.
Die Eier kräftig mit dem restlichen Zitronensaft verquirlen und unter Rühren über die Schwarzwurzeln gießen. Das Gemüse noch einmal abschmecken. Mit Petersilie bestreuen und umgehend servieren.

Panierte Kalbsleber mit karamellisierten Schwarzwurzeln und Orangensauce

Für 4 Personen
Zubereitung und Kochzeit: 50 Min.

Zutaten

500 g Schwarzwurzeln
Salz
1 unbehandelte Orange
Butter
1 EL Honig
Salz, Pfeffer
4 Scheiben Kalbsleber
Mehl
1 Ei, verquirlt und gesalzen
Paniermehl

Zubereitung

Die Schwarzwurzeln schälen, waschen und 20 Min. in Salzwasser kochen. Anschließend abgießen und abtropfen lassen. Die Orange dünn abschälen und auspressen. Den Saft bei starker Hitze auf die Hälfte einkochen lassen. Die Schale einige Sekunden in kochendem Wasser blanchieren, abtropfen lassen und fein schneiden.
Butter in einer Sauteuse erhitzen und die Schwarzwurzeln darin anbraten. Den Honig hinzufügen und bei starker Hitze karamellisieren lassen. Die Hälfte des Orangensafts dazugeben und mit Salz und Pfeffer würzen. Die Wärmezufuhr verringern und das Gemüse zugedeckt in 10–15 Min. weich dünsten.
Inzwischen die Leberscheiben mit Mehl bestäuben, durch das verquirlte Ei ziehen und in Paniermehl wenden. Butter in einer Pfanne erhitzen und die Leberscheiben darin auf jeder Seite 3–4 Min. braten.
Den restlichen Orangensaft in einer Stielkasserolle erhitzen, mit kalter Butter binden und die Orangenschale einstreuen. Die Leber zusammen mit den Schwarzwurzeln und der Sauce servieren.

Flambiertes Perlhuhn mit Haferwurzeln

(auf dem Foto rechts)
Für 4 Personen
Zubereitung und Kochzeit: 1 Std. 30 Min.

Zutaten

1 kg Haferwurzeln
24 Silberzwiebeln
2 große weiße Zwiebeln
1 küchenfertiges Perlhuhn (ca. 1,5 kg)
Salz, Pfeffer
70 g Butter
20 ml Cognac
Hühnerbrühe
100 ml trockener Weißwein
100 g durchwachsener Räucherspeck
1 TL Maisstärke

Zubereitung

Die Haferwurzeln schälen, in 3–4 cm lange Stücke schneiden und 15 Min. dämpfen (sehr frische, junge Wurzeln benötigen nur 10 Min.). Abgießen und abtropfen lassen.

Die Zwiebeln schälen. Die Silberzwiebeln ganz belassen, die weißen Zwiebeln fein hacken. Das Perlhuhn außen und innen mit Salz und Pfeffer würzen. 50 g Butter in einem großen gusseisernen Schmortopf zerlassen und das Perlhuhn rundherum darin anbraten. Mit dem Cognac flambieren und die gehackten Zwiebeln dazugeben. Sobald die Zwiebeln weich sind, etwas Brühe und den Wein angießen. Das Perlhuhn 1 Std. offen garen. Das Geflügel dabei immer wieder begießen, eventuell noch etwas Brühe zufügen.

Den Speck in feine Streifen schneiden. In einer Pfanne ausbraten und die Silberzwiebeln im Speckfett weich garen. Das Perlhuhn aus dem Topf nehmen und warm stellen.

Für die Sauce den Bratenfond bei starker Hitze einkochen lassen. Maisstärke mit etwas Wasser verrühren und die Sauce damit binden. Silberzwiebeln und Speck hineingeben. Mit Salz und Pfeffer abschmecken.

Restliche Butter in einer Sauteuse zerlassen und die Haferwurzeln darin schwenken.

Das Perlhuhn auf einer Servierplatte anrichten, die Haferwurzeln rund um das Fleisch verteilen und das Ganze mit der Sauce überziehen.

Die Steckrübe

Brassica napus var. napobrassica
Familie der Kreuzblütengewächse (Brassicaceae)

Rotköpfige Gelbe

Wie der Name vermuten lässt, ist diese Sorte in der oberen Hälfte violettrot gefärbt. Die kräftigen runden Rüben haben ein intensiv gelbes Fruchtfleisch. Bemerkenswert sind ihre Widerstandsfähigkeit und ihr Nährstoffgehalt. Aussaat von Mai bis Juli; anschließend Auspflanzung; Ernte von Oktober bis Dezember.

Als sogenanntes Kriegsgemüse hat die Steckrübe das gleiche Schicksal erlitten wie der Topinambur. Trotzdem hat sie sich stets ihr »sonniges« gelbes Herz bewahrt.

Die Steckrübe oder Kohlrübe ist unter vielen Namen bekannt, als da wären Butterrübe, Wruke, Bodenrübe, Schmalzrübe, Dotsche und viele andere mehr.

VERGESSEN – WIEDERENTDECKT Es war wohl die Erinnerung an die schweren, entbehrungsreichen Kriegszeiten und die unrühmlichste Epoche unserer Geschichte, die dazu geführt hat, dass dieses Gemüse lange Zeit fast gänzlich von den Märkten und aus den Küchen verbannt war. Doch nun taucht die Steckrübe allmählich wieder auf – und sie hat es wahrlich verdient, bald wieder Einzug auf den Märkten und auch in den Supermärkten zu halten.

HERKUNFT Woher die Steckrübe, die wegen der Form ihrer dicken Pfahlwurzel gerne mit der Speiserübe verwechselt wird, ursprünglich stammt, ist unklar. Nach Deutschland gelangte sie im 17. Jahrhundert aus Skandinavien. In Europa wird sie seit dem Mittelalter als Gemüse gegessen. Aufgrund ihrer hervorragenden Lagerfähigkeit spielte sie vor allem in Hungersnöten eine wichtige Rolle und sicherte den Menschen das Überleben. Es könnte gut sein, dass wir im 21. Jahrhundert einen großen Bedarf an diesem »Krisengemüse« haben werden, denn es könnten schwierige Zeiten auf uns zukommen. Die Menschheit täte also gut daran, sich auf ihre wahren Freunde zu besinnen.

ANBAU Die Steckrübe wird ausschließlich in gemäßigten Klimazonen kultiviert. In gut drainierten Böden übersteht sie sogar Fröste. Aussaat von April bis Juli im Freiland; Ernte von Ende August bis März.

LAGERUNG Im Keller oder in der Erde ist die Steckrübe lange haltbar. In einem unverschlossenen Plastikbeutel kann sie auch mehrere Wochen im Kühlschrank aufbewahrt werden.

SORTEN Gelbfleischige Sorten: Grünköpfige Gelbe, Rotköpfige Gelbe, Mella, Pandor etc. Die weißfleischigen Sorten werden in der Regel als Viehfutter verwendet, es gibt darunter allerdings auch einige Speiserüben.

VERWENDUNG Der Geschmack der Steckrübe erinnert an eine Mischung aus Haselnuss, Kohl und Speiserübe. Beim Einkauf möglichst junge Rüben auswählen, denn das Gemüse wird mit zunehmendem Alter hart und fasrig. Die Steckrübe kennt man auf der ganzen Welt, und jedes Land hat seine eigene Art der Zubereitung. Steckrüben sind auch zum Rohverzehr geeignet, werden aber meist gekocht oder gedämpft, als Püree oder Gratin zubereitet oder für Suppen und Eintöpfe verwendet. Die Rüben harmonieren vorzüglich mit Knoblauch und Ingwer. Die Blätter können gedämpft als Gemüse gegessen werden.

ERNÄHRUNGSPHYSIOLOGISCHE EIGENSCHAFTEN
Steckrüben wirken harntreibend, abführend und desinfizieren den Verdauungstrakt. Menschen mit Reizdarm sollten sie aber nur in Maßen genießen. Wie ihr Verwandter, der Kohl, ist die Steckrübe reich an Antioxidantien. Darüber hinaus ist sie ein ausgezeichneter Lieferant von Betacarotin, Vitamin B und C, Phosphor, Kalium, Calcium, Magnesium und Kupfer.

Steckrüben-Samtsuppe

(auf dem Foto links)
Für 6 Personen
Zubereitung und Kochzeit: 55 Min.

Zutaten

300 g Steckrüben
1 Kartoffel
1 Zwiebel
1,5 l Hühnerbrühe
Butter
1 EL Mehl
Salz, Pfeffer
frisch geriebene Muskatnuss
1 Lorbeerblatt
200 g Sahne

Zubereitung

Steckrüben und Kartoffel schälen und in feine Streifen schneiden. Die Zwiebel schälen und fein hacken.

Die Hühnerbrühe erhitzen. Butter in einer Kasserolle zerlassen und die Zwiebel darin glasig schwitzen. Steckrüben und Kartoffel dazugeben, 5 Min. anschwitzen und danach aus dem Topf nehmen.

Die Kasserolle vom Herd nehmen und das Mehl mit einem Schneebesen einrühren. Die heiße Brühe unter laufendem Rühren angießen. Den Topf wieder auf die Herdplatte stellen und die Mischung kochen lassen, bis sie eindickt.

Das Gemüse wieder in die Kasserolle geben, mit Salz, Pfeffer und Muskat würzen und das Lorbeerblatt hinzufügen. Aufkochen lassen und das Gemüse unter gelegentlichem Rühren etwa 20 Min. bei geringer Hitze garen.

Das Lorbeerblatt entfernen und die Suppe pürieren. Die Sahne einrühren und die Suppe noch einmal erhitzen, aber nicht mehr kochen lassen.
Die Suppe nach Belieben vor dem Servieren mit etwas edelsüßem Paprikapulver bestäuben.

Schweinebraten mit Äpfeln und Steckrüben

Für 6 Personen
Zubereitung und Kochzeit: 2 Std. 20 Min.

Zutaten

2 kg Steckrüben
2 gelbe Zwiebeln
1 Stange Sellerie
1 Karotte
Olivenöl
1,5 kg Schweinerücken ohne Schwarte
Salz, Pfeffer
5 Knoblauchzehen, zerdrückt
250 ml Hühnerbrühe
Bohnenkraut, gehackt
2 süßsäuerliche Äpfel (z.B. Elstar)
Cidre-Essig

Zubereitung

Den Backofen auf 220 °C vorheizen.
Die Steckrüben schälen und in 3–4 mm dicke Scheiben schneiden. Die Zwiebeln schälen, den Sellerie waschen und die Karotte schälen. Zwiebeln, Sellerie und Karotte fein würfeln.
In einem gusseisernen, emaillierten Schmortopf etwas Olivenöl erhitzen. Den Schweinerücken bei starker Hitze darin rundherum anbraten, kräftig mit Salz und Pfeffer würzen und herausnehmen. Die Gemüsewürfel hineingeben und einige Minuten anschwitzen. Das Fleisch darauflegen, Knoblauch sowie Rüben zufügen und die Brühe angießen. Bohnenkraut darüberstreuen, mit Pfeffer würzen und den Deckel auflegen.
Den Topf in den Backofen stellen und das Fleisch 1 Std. 30 Min. garen. Das Gemüse dabei von Zeit zu Zeit umrühren und den Braten begießen. Eventuell noch etwas Wasser hinzufügen, damit das Gemüse nicht anhängt.
Die Äpfel schälen, die Kerngehäuse entfernen und das Fruchtfleisch in Spalten schneiden. Auf den Steckrüben verteilen, mit etwas Pfeffer bestreuen und den Braten weitere 30 Min. offen garen.

Fleisch und Gemüse anschließend aus dem Topf nehmen und im ausgeschalteten Backofen warm halten.
Den Topf auf die Herdplatte stellen und den Bratensatz mit etwas Essig und Wasser loskochen. Die Flüssigkeit durch ein Sieb passieren, gemeinsam mit ein paar Rübenscheiben und Apfelspalten pürieren und mit Salz sowie Pfeffer abschmecken.
Das Fleisch in Scheiben schneiden. Mit Rüben und Äpfeln auf einer Servierplatte anrichten. Die Sauce getrennt dazu reichen.

Steckrübenpüree mit Apfel

Für 6 Personen
Zubereitung und Kochzeit: 35 Min.

Zutaten

700 g Steckrüben
1 Zwiebel
1 Apfel (z.B. Renette)
Salz
3 EL Butter
1 EL Ahornsirup
Pfeffer

Zubereitung

Die Rüben schälen und in Stücke schneiden. Die Zwiebel schälen und fein hacken. Den Apfel schälen, das Kerngehäuse entfernen und das Fruchtfleisch in relativ kleine Stücke schneiden. Die Steckrüben 25 Min. in kochendem Salzwasser garen, abgießen und abtropfen lassen.
Inzwischen 2 EL Butter in einer Sauteuse erhitzen. Zwiebel und Äpfel hineingeben und 20 Min. dünsten. Mit den Steckrüben mischen und das Ganze pürieren.
Das Püree mit restlicher Butter und Ahornsirup vermengen. Salzen und pfeffern, dann 2 Min. unter Rühren erhitzen. Sofort servieren.
Einfache Variante: Die Steckrüben in 25 Min. in kochendem Salzwasser weich garen, abgießen, abtropfen lassen und pürieren. Etwas Milch und Butter unter das Püree rühren und mit Salz und Pfeffer abschmecken.

Steckrüben mit Rosmarinhonig und Ingwer

Für 6 Personen
Zubereitung und Kochzeit: 35 Min.

Zutaten

800 g Steckrüben
Butter
2 EL Hühnerbrühe
Rosmarinhonig
frisch geriebener Ingwer
Salz, Pfeffer

Zubereitung

Die Steckrüben schälen und in 3 mm dicke Scheiben schneiden.
Kurz in etwas Butter anbraten und die Brühe hinzufügen. Aufkochen und zugedeckt 20 Min. kochen lassen. Dabei gelegentlich umrühren.
Den Honig und den Ingwer hinzufügen, umrühren und das Gemüse weitere 10 Min. garen. Mit Salz und Pfeffer abschmecken und servieren.

Danksagung

Die Autoren danken Jean-Luc André, dem Inhaber des Restaurants *Pétrelle*, 34, Rue Pétrelle, 75009 Paris, für das Gemüse, das sie durch ihn kennengelernt haben, und für die langen Gespräche über ihre kulinarischen Entdeckungen. Sie danken Ernest Duraz, dem früheren Chefkoch des Restaurants *Au Coq Bressan* in Polliat (Mitglied des Club des cuisiniers de l'Ain), der die Rezepte mit großer Sorgfalt und großem Sachverstand redigiert und kommentiert hat.

Dank an alle Erzeuger, die uns die hier vorgestellten Gemüse geliefert haben.

Der Herausgeber dankt Louis Albert de Broglie, der ihn in die Welt des vergessenen Gemüses eingeführt und ihm gestattet hat, sich für die Präsentation dieses Bandes von seinem Buch *Tomaten von gestern und heute* inspirieren zu lassen.

Bezugsadressen

Im Folgenden sind Bezugsadressen von alten Gemüsesorten und Adressen von Samenhandlungen aufgeführt, die sich entweder auf traditionelle Gemüsesorten spezialisiert haben oder die eine besonders reichhaltige Auswahl bieten. Die Adressen in Deutschland sind nach Bundesländern geordnet, bei den Angaben zu Österreich und der Schweiz sind Websites genannt, auf denen Sie Bezugsadressen in Ihrer Region finden.

Deutschland
Baden-Württemberg
Bioland-Gärtnerei Laiseacker

Mühlweg 1
71735 Nussdorf
www.laiseacker.de
Die Produkte der Gärtnerei Laiseacker kann man nicht nur im Hofladen (Dienstag bis Freitag 9–19 Uhr) erwerben, sondern auch über den online-shop des Betriebes. Außerdem bietet die Gärtnerei einen Lieferservice ins Umland an.
Einkaufsadressen für Bio-Erzeugnisse in Baden-Würtemberg finden Sie außerdem unter
 www.bioland-bw.de

Bayern
Bio-landhof Auental

Lorenz und Diana Reindl
Au bei Altenhohenau 3
83556 Griesstätt
Tel. 08039 – 909 305
www.bio-landhof-auental.de
Der Betrieb bietet ein umfangreiches Gemüse-Sortiment an, das nur vor Ort im Bio-Laden gekauft werden kann. Der Landhof befindet sich bei Rosenheim.

Gärtnerei Schwifting Kammermeier & Greifenstein

Ammerseestraße 31
86940 Schwifting
Tel. 08191 – 3 37 38
www.gaertnerei-schwifting.net
Die Gärtnerei produziert Feingemüse entsprechend der Jahreszeit und gemäß kontrolliert biologischem Anbau. Sie liegt in der Nähe von Landsberg am Lech.

Magic Garden Seeds

Regerstr. 3
93053 Regensburg
Tel. 0941– 569 554 38
www.magicgardenseeds.de
Versandbetrieb für Samen und Saatgut von seltenen und exotischen Kulturpflanzen in großer Vielfalt wie Chilis, Tomaten, alte Gemüsesorten, Bio-Saatgut und ethnobotanische Sämereien.

Berlin-Brandenburg
Ökodorf Brodowin

Weißensee 1
16230 Brodowin
Tel. 033362 – 706 10
www.brodowin.de
Das in der Uckermark gelegene Ökodorf Brodowin erzeugt Bio-Gemüse, Molkereiprodukte, Honig und Eier. Die Produkte können im Hofladen (April bis Oktober: Montag bis Samstag 9–18 Uhr; November bis März: Dienstag bis Freitag 10–18 Uhr) gekauft werden. Das Ökodorf liefert nach Berlin, Potsdam sowie rund um Bernau, Eberswalde und Angermünde.

Verein zur Erhaltung und Rekultivierung von Nutzpflanzen in Brandenburg e.V. (VERN)

Burgstr. 20
16278 Greiffenberg
Tel. 033334 – 702 32
www.vern.de
Im VERN arbeiten Landwirte, Gärtner und Privatleute daran, die Vielfalt an Kulturpflanzen und das Wissen darüber zu erhalten. Der Verein verteilt an Interessierte Saatgut aus seinen Erhaltungsbeständen.

Hessen
Dreschflegel Versand

In der Aue 31
37213 Witzenhausen
Tel. 05542 – 50 27 44
www.dreschflegel-saatgut.de
Versandbetrieb für alte Kulturpflanzen. Die Dreschflegel-Gemeinschaft besteht aus 14 Biohöfen in verschiedenen Gegenden Deutschlands mit gemeinsamer Vermarktung durch den Dreschflegel-Versand.

Gärtnerei Stoll

Im Bärengarten 1
60599 Frankfurt/Oberrad
Tel. 069 – 478 609 99
www.gaertnerei-stoll.de
Der Familienbetrieb produziert Obst und Gemüse, das auf den Wochenmärkten in Wiesbaden verkauft wird. Die Gärtnerei hat sich auf seltene und historische Gemüsesorten spezialisiert. Die Waren können nach telefonischer Anmeldung auch direkt ab Gärtnerei gekauft werden.

Mecklenburg-Vorpommern
Erzeugerzusammenschluss Fürstenhof

Dorfstr. 15
17179 Fürstenhof
Tel. 039971 – 31 72 -12
www.kulinatur.de
Zusammenschluss aus neun biologisch produzierenden Ökobetrieben in Mecklenburg-Vorpommern, deren Ziel die Herstellung von gesunden, wohlschmeckenden und sicheren Lebensmitteln ist. Landwirtschaftliche Produkte wie Bio-Eier, Bio-Kartoffeln, Bio-Gemüse, Bio-Suppenhühner, Bio-Getreide und Bio-Eiweißfrüchte werden mithilfe eines behutsamen Ressourceneinsatzes, artgerechter Tierhaltung und unter Schonung der Natur durch Kreislaufwirtschaft hergestellt und unter anderem unter dem Logo Kulinatur vom Erzeugerzusammenschluss Fürstenhof vermarktet. Der Hofladen befindet sich in Finkenthal, einem kleinen Ort in der Nähe von Fürstenhof. Er ist Montag von 10–16 Uhr, Dienstag, Donnerstag und Freitag von 12–18 Uhr geöffnet, und am Samstag von 9–15 Uhr.

Eschenhof

Carlower Str. 3
19217 Groß Rünz
Tel. 038873 – 207 53
www.eschenhof.net
Der Hof liegt etwa 25 km südöstlich von Lübeck zwischen Rehna und Carlow und erzeugt rund 40 verschiedene Bio-Gemüse, unter denen auch seltene Sorten sind sowie ein reichhaltiges Obst-Sortiment. Darüber hinaus bietet der Eschenhof Lamm-,

Schweine- und Rindfleisch aus eigener, kontrollierter biologischer Haltung. Der Hofladen ist Freitag von 15–18 Uhr und Samstag von 10–13 Uhr geöffnet. Das Liefergebiet für ein Eschenhof-Gemüseabo erstreckt sich über weite Teile der Region Lübeck und Umgebung (Süden, Osten, Innenstadt) sowie nach Schönberg, Grevesmühlen, Gadebusch und Ratzeburg.

Weitere Landwirte und Hofläden in Mecklenburg-Vorpommern, die biologische Erzeugnisse anbieten, finden Sie unter www.bio-mv.de

Niedersachsen

Museumsbauernhof Wennerstorf

Lindenstraße 4
21279 Wennerstorf
Tel. 04165 – 21 13 49
www.museumsbauernhof.de
Der Museumsbauernhof Wennerstorf liegt im Landkreis Harburg. Teile des Haupthauses wurden Mitte des 16. Jahrhunderts erbaut. Der Museumsbauernhof stellt das Leben auf dem Bauernhof in den 1930er Jahren dar. Das geräumige Bauernhaus vereint Kuh- und Pferdeställe, Dreschdiele und Wohnung der Bauernfamilie sowie der Mägde und Knechte unter einem Dach. Alle Arbeiten, die früher traditionell zur Landwirtschaft gehörten, werden auf dem Museumsbauernhof vorgeführt. Gleichzeitig wird der Bauernhof nach ökologischen Richtlinien bewirtschaftet. Angebaut werden historische und regionale Obst- und Gemüsesorten. Alte und vom Aussterben bedrohte Haustier-

rassen werden hier ebenfalls gehalten, zum Beispiel Pommersche Landgänse, Bentheimer Landschweine und Heidschnucken. Das museumseigene Hofcafé ist im Stil der 1930er Jahre eingerichtet, der angeschlossene Hofladen im Jugendstil. Verkauft werden die Produkte des Museumsbauernhofes wie Gemüse, Beerenobst, Äpfel und Apfelsaft, aber auch Brot, Kekse und das Sortiment der Museumsbrennerei des Freilichtmuseums am Kiekeberg, Milchprodukte und Wurstwaren sowie nostalgisches Spielzeug und Dekorationsartikel. Außerdem kann man bei dem Museumsbauernhof Kurse buchen, bei denen man Fertigkeiten wie Bierbrauen, Schmieden, Korbflechten, Klöppeln und Seifensieden lernen kann sowie Kurse für Gartengestaltung.

Auf der Website www.bioeinkaufen.de finden Sie 1.200 Adressen für biologische Erzeugnisse in Niedersachsen.

Nordrhein-Westfalen

Hofladen auf Gut Ostler

Jürgen Huber
Burgweg 19
53123 Bonn
Tel. 0228-63 33 07
www.gutostler.de
Auf Gut Ostler werden Gemüse, Obst und Schnittblumen kultiviert. Im Hofladen gibt es außerdem Eier, Fleisch- und Wurstwaren von eigenen Tieren, Nüsse, Honig, Marmeladen, Milchprodukte und vieles mehr. Der Hofladen ist Montag von 13–18 Uhr, Dienstag von 9–13 Uhr, Donnerstag und Freitag von 9–18 und Samstag von 9:30–13:30 Uhr geöffnet. An einem Samstag im Monat (jeweiliges Datum bitte der Website entnehmen) findet eine öffentliche Hofführung mit anschließendem Imbiss statt. Gut Ostler ist ein Lern- und Erlebnisbauernhof, der seinen Besuchern Wissenswertes über die biologische Landwirtschaft und die artgerechte Tierhaltung nahebringen will.

Einen Bio-Einkaufsführer für Nordrhein-Westfalen finden Sie im Netz unter www.oekolandbau-nrw.de

Rheinland-Pfalz

Der Stabenhof

Ewa und Thorsten Blum
Stabenhof 2
56332 Brodenbach
Tel: 02605 – 1383
eMail: Kontakt@Stabenhof.de
www.stabenhof.de
Der Stabenhof liegt im Hunsrück und ist etwa 25 Autominuten von Koblenz entfernt. Die Familie Blum kultiviert Tomaten, Karotten, Zwiebeln, Kohlarten, Rote Bete, Melonen, Gurken, Erbsen, Bohnen, Erdbeeren, Brombeeren, Himbeeren, Äpfel, Birnen, Kirschen und Mirabellen sowie Kräuter. Der Verkauf erfolgt direkt ab Hof.

Die Vielfaltsgärtnerei

Christian Havenith
Auf der Esch 24
56653 Wassensach
Tel. 02636 – 80 77 35
www.vielfalts-gaertnerei.de
Über diese Adresse können Sie Saatgut von alten Gemüsesorten der Region Rheinland-Pfalz beziehen. Das Gemüsesortenprojekt Rheinland (+) Pfalz existiert seit 1998 unter der Schirmherrschaft des BUND Landesverbands Rheinland-Pfalz mit dem Ziel, historische Gemüsesorten aus den Regionen Rheinland (NRW) und Pfalz (Rheinland-Pfalz) zu sammeln und zu sichern. Es ist mittlerweile bundesweit das größte regionale Sortenarchiv. Das Saatgut wird nur an Privatpersonen abgegeben, die Gemüse nicht gewerblich anbauen.

Bezugsadressen

Das Festival de la Tomate auf Château de La Bourdaisière

Saarland

Pauls Frische Kiste

Sabine und Mathias Paul
Hauptstr. 118
66809 Nalbach-Piesbach
Tel. 03542 – 60 98
www.pauls-frischekiste.de
Der Hofladen bietet Gemüse, Obst, Milchprodukte, Backwaren, Wurstwaren sowie Naturkostprodukte an. Der Laden ist Dienstag von 16–18:30, Mittwoch 9–12:30, Freitag von 16–18:30 und Samstag von 9–12:30 Uhr geöffnet. Die Erzeugnisse von Pauls Frische Kiste kann man auch auf dem Wochenmarkt in Saarlouis (Dienstag und Freitag 7–13 Uhr) und dem Bauernmarkt in Saarlouis (Samstag 9–13 Uhr) kaufen. Der Betrieb liefert seine Waren fast im gesamten Saarland aus, die Bestellung erfolgt über Internetshop auf der Website.

Sachsen

Bio-Bauernhof Ines Franz

Dorfstr. 12
01156 Dresden-Gohlis
Tel. 0351 – 452 02 94
biohof-franz@freenet.de
www.biohof-franz.de
Der Bio-Bauernhof bietet Gemüse, Beerenobst, Kräuter und Kartoffeln aus eigenem Anbau an sowie Äpfel von ungespritzten Streuobstwiesen und Eier aus Freilandhaltung. Die gewünschte Ware kann per E-Mail oder Bestellzettel im Briefkasten geordert und Freitags von 9–21 Uhr im Hofladen abgeholt werden. Verkauft wird nur Gemüse der Saison, das aktuelle Gemüseangebot wird einmal wöchentlich per E-Mail an Interessierte verschickt.

Hof Mahlitzsch

Mahlitzsch 1
01683 Nossen
Tel. 03542 – 656 20
www.hof-mahlitzsch.de
Das Angebot des Hofladens besteht aus frisch geerntetem Gemüse, Mahlitzscher Milch, Joghurt und Quark, Wurstwaren, sowie frischem Brot, Brötchen und anderen Backwaren aus der hofeigenen Backstube, Getreide und Mehl. Südfrüchte stammen vom Naturkostgroßhandel. Der Laden ist Montag bis Freitag von 13–18 Uhr und Samstag von 9–12 Uhr geöffnet. Außerdem kann man sich eine sogenannte Ökokiste mit Bauernhofprodukten schicken lassen. Das Liefergebiet umfasst die Regionen Dresden, Meißen, Coswig, Riesa, Freital, Freiberg, Tharndt und Moritzburg.

Sachsen-Anhalt

Biogut Stichelsdorf

Martina Kroh
Dorfstr. 24
06188 Peißen / OT Stichelsdorf
Tel. 0345 – 684 51 40
www.biogut-stichelsdorf.de
Der Hofladen lädt mit einem großen Sortiment von landwirtschaftlichen Erzeugnissen zum Kauf ein. Ökologisch angebautes Gemüse und Kräuter entsprechend der Jahreszeit aus eigenem Anbau sowie Fleisch- und Wurstwaren aus der Region. Wöchentlicher Lieferservice. Der Laden hat nur freitags von 15–18 Uhr geöffnet. Zum Gutsgelände gehören ein Naturpark, Schafe und Ziegen. Geeignet für Kindererlebnistage und Familienausflüge. Auf dem Gutshof befinden sich auch einige historische Landmaschinen.

Biohof Eckehard Schulz

Eckehard Schulz
Dorfstr. 2
29413 Dähre
Tel. 03903 – 800 93
Auf dem Biobauernhof von Eckehard Schulz in Dähre werden Kartoffeln und Gemüse in Bioland-Qualität verkauft. Der Hofladen ist Montag bis Freitag von 8–18 Uhr geöffnet. Dähre ist eine Gemeinde im Altmarkkreis Salzwedel.

Weitere Hofläden in Sachsen-Anhalt finden Sie unter
www.hofladen-bauernladen.info

Schleswig-Holstein

Gärtnerei Wilde Kost

Anja Christiansen
Imberg 3
23813 Blunk
Tel: 04557-98 17 18
info@wilde-kost.de
www.wilde-kost.de
Die Gärtnerei ist auf traditionelle Gemüsesorten und essbare Wildpflanzen spezialisiert. Sie liegt am Rande der Schleswig-Holsteinischen Schweiz, etwas außerhalb von Blunk auf dem Weg nach Tensfeld an der Landstraße zwischen Bad Segeberg und Plön. Von März bis Oktober bietet die Gärtnerei an jedem dritten Sonntag eine offene Gartenführung für alle Interessierten an. Im Anschluss an die Führung darf man von den kultivierten Gemüsen und Kräutern probieren. Der Hofladen ist Dienstag und Freitag von 10–18 Uhr und Samstag von 10–14 Uhr geöffnet.

Thüringen

Holzländer Naturgemüse

Uwe Lurtz
Am Wallgraben 20
07646 Schlöben
Tel. 03641 – 54 130 46
www.naturgemuese.de
Bei Herrn Lurtz kann man Biogemüse und Naturkost erwerben. Entweder über Lagerverkauf (Donnerstag 13–16 Uhr, Freitag 12–18 Uhr und Samstag 10–13 Uhr) oder per Internet direkt ins Haus.

Landwirtschaftsbetrieb Ullrich

Rosemarie Ullrich
Hainstr. 23
Großgaga
07554 Gera
Tel. 036695 – 200 21
www.bauernhof-aga.de
Der Betrieb produziert Gemüse und Obst der Saison, alte Kürbissorten, Marmelade, Eier, Geflügel, Rindfleisch und Viehfuttermittel wie Getreide und Rüben. Die Waren werden nach telefonischer Voranmeldung direkt ab Hof verkauft.

Hofläden und Direktvermarkter in Baden-Württemberg, Bayern, Brandenburg, Niedersachsen, Nordrhein-Westfalen, Schleswig-Holstein und Thüringen finden Sie außerdem unter www.hofladen-katalog.de

Österreich

Arche Noah

Gesellschaft für die Erhaltung der Kulturpflanzenvielfalt & ihre Entwicklung
www.arche.noah.at
Auf der Website von Arche Noah finden Sie ein nach österreichischen Bundesländern sortiertes Verzeichnis der Mitgliedsbetriebe, die sich bei Gemüse, Obst, Kartoffeln und Getreide auf Sortenraritäten spezialisiert haben.

Schweiz

Pro Specie Rara

Pfrundweg 14
CH-5000 Aarau
Tel. +41 (0) 62 – 832 08 20
www.prospecierara.ch
Die 1982 gegründete, nicht-Profit-orientierte Stiftung will gefährdete Nutztierrassen und Kulturpflanzen vor dem Aussterben bewahren. Sie setzt sich dafür ein, dass die Vielfalt der Rassen und Sorten für jedermann verfügbar ist und bleibt. Zuchttiere, Obstbäume und Gemüse werden heute von über 2000 Privatpersonen und Institutionen betreut und gezüchtet. Auf der Website von Pro specie rara erfahren Sie, bei welchen Privatpersonen man gratis Saatgut bekommen kann und an welchen Orten in der Schweiz sich Sortengärten befinden, wo man bestimmte Garten- und Ackerpflanzen begutachten kann.

Rezeptverzeichnis nach Gruppen

Glossar

Bûche de chèvre ist ein Weichkäse aus Ziegenmilch mit einem Fettgehalt von 45 %. Er wird in Rollen verkauft und ist in gut sortierten Supermärkten und Bioläden erhältlich.

Crème fraîche épaisse ist eine etwas dickere Crème fraîche mit höherem Fettgehalt. Sie ist bei uns meist nur in Feinkostgeschäften oder sehr gut sortierten Supermärkten erhältlich und kann problemlos durch Crème double ersetzt werden.

Crottin de Chavignol ist ein kleiner runder Weichkäse aus Ziegenmilch mit nussigem, leicht säuerlichem Geschmack und einem Fettgehalt von 45 %. Man findet ihn in Käsegeschäften und gut sortierten Supermärkten, wo er meist als »Soignon« angeboten wird.

Konfierte Tomaten sind bei uns als Fertigprodukt kaum zu bekommen, lassen sich aber ganz einfach selbst herstellen. Tomaten (eventuell enthäutet) in dickere Scheiben oder Spalten schneiden, auf einem mit Olivenöl bestrichenen Backblech verteilen, mit fein geschnittenem Knoblauch, Thymian, Rosmarin und Basilikum bestreuen. Mit Olivenöl beträufeln und mit Salz und Pfeffer würzen. Die Tomaten mindestens 5 Std. bei 50 °C im Backofen trocknen.

Laguiole, auch Fourme de Laguiole, ist ein pikanter, leicht säuerlicher Halbhartkäse aus roher Kuhmilch mit einem Fettgehalt von 45 %. Er wird aus der Milch der Aubrac-Kühe hergestellt. Der noch nicht ausgereifte Käse wird als Tomme de Laguiole angeboten.

Morteau-Wurst ist eine würzige Kochwurst aus grob gehacktem Schweinefleisch.

Piment d'Espelette ist eine rote Chilisorte aus dem französischen Baskenland. Die Schoten werden meist gemahlen als Gewürz angeboten, werden gelegentlich aber auch frisch oder getrocknet verwendet.

Reblochon, eine Spezialität aus Savoyen, ist ein cremig-milder Butterkäse aus Kuhmilch mit einem Fettgehalt von 50 %.

Rocamadour, auch Cabecou genannt, ist ein kleiner runder Weichkäse aus unpasteurisierter Ziegenmilch mit einem Fettgehalt von 45 %. Der junge Käse hat einen leicht säuerlichen, nussigen Geschmack.

Sauce Mornay ist eine Käsesauce: 1 EL Mehl in 1 EL Butter hellgelb anschwitzen, 250 ml kochend heiße Milch einrühren und mit Salz und weißem Pfeffer würzen. 2 Eigelbe und 4 EL geriebenen Emmentaler oder Greyerzer einrühren. 2 Eiweiße steif schlagen und unter die Sauce ziehen.

Stierhorn-Paprika ist eine schmale, längliche Paprikaschote aus Italien. Die leuchtend roten, hornartig gebogenen Schoten sind besonders süß und haben eine sehr dünne Schale. Im Handel werden sie auch unter ihrem italienischen Namen »Corno di Toro« angeboten.

Tomme de chèvre ist ein milder Käse aus Ziegenmilch mit einem Fettgehalt zwischen 20 und 40 %.

Vacherin Mont d'Or ist ein sahniger französischer Halbweichkäse aus Kuhmilch. Er hat einen Fettgehalt von 45 % und wird in Frankreich gerne unmittelbar aus der Spanschachtel gelöffelt, in der er verpackt ist.

Vergoise-Zucker ist ein brauner, mit Karamell aromatisierter Zucker. Der besonders feine, leicht feuchte Zucker wird aus Zuckerrüben hergestellt und ist in Feinkostgeschäften oder über das Internet erhältlich.

Vier-Gewürze-Pulver (französisch Quatre-épices) ist eine gemahlene Gewürzmischung aus Pfeffer, Muskat, Gewürznelke und Zimt.

Weiße Grundsauce, auch Velouté genannt, wird wie folgt hergestellt: 40 g Butter zerlassen, 2 EL Mehl einrühren, nach und nach unter ständigem Rühren 500 ml kalten Geflügel- oder Gemüsefond angießen. Die Sauce etwa 30 Min. köcheln lassen und mit Salz und Pfeffer abschmecken. Nach Belieben mit 50 ml trockenem Sherry verfeinern.

Inhaltsverzeichnis